캠퍼스 편지

대학 행정 현장에서의 작은 성찰

캠퍼스 편지

유신열 지음

감사의 글

글을 쓰고, 마지막 교정을 보면서도 늘 머리가 무겁고 명치끝이 꽉 막혀 있었습니다. '대학 행정 현장에서 작은 성찰'을 해보겠다고 쓴 이 무딘 글이 내 속을 헤집어 아프게 했습니다. 그 현장이 바로 나의 모교이자 직장이고, 동료들이 있는 곳이기 때문입니다. 이 글이 부디 그 누군가를 아프게 하지 않았으면 좋겠습니다.

이 책이 나오기까지 많은 분들이 제게 용기를 주셨습니다. 가장 큰 힘이 된 것은 행정토론회에 참석해 주신 분들이 아닌가 합니다. 이 책 자체가 이 행정토론회의 한 결실이라고 봐도 좋을 것입니다. 참석자가 비록 한두 명이라 하더라도 꾸준히 발걸음을 해 주시고 조그마한 보상도 전혀 없는 발표자의 자리에 기꺼이 서 주신 동료들, 그리고 메일로, 눈빛으로, 마음으로 격려해 주시는 많은 분들 덕분에 토론회는 이어져 왔고, 저 또한 그 속에서 큰 용기를 얻었습니다. 고맙습니다.

그리고 동료들을 대표해서 이 책을 꼼꼼히 살펴 부족한 점을 지적해 주시고, 책이 나올 동안 끝까지 함께해 주신 김승진 님, 고맙습니다.

언젠가 당신은 혼자서 쓰고 만든 일기와도 같은, 당신이 살아온 이야기를 정리한 책 한 권을 제게 보여주었습니다. 저는 당신의 이 책을 통해 어느 소설에서도 느낄 수 없는 우리의 평범하고 소중한 일상을 새롭게 되돌아볼 수 있었습니다.

또 한 분 강신주 박사님, 당신의 책『장자, 차이를 횡단하는 즐거운 모험』은 제가 스스로 갇혀 있었던 마음의 굴레를 벗어날 수 있는 빛이 되었습니다. 나와 타자와의 관계를 알게 해 주었고 내 가족을 다시 보게 만들었습니다. 저는 독자들이 이 책 이전에 당신의 책을 먼저 읽었으면 합니다. 당신은 '장자'를 들고 우연히 스쳐 지나가면서 내 삶에 하나의 열매를 맺도록 해 주었습니다. 고맙습니다.

그리고 무엇보다도 아빠를 세상에서 가장 좋아한다고 믿게끔 해 주는 나의 두 딸 현지와 현수, 그리고 나와 진정한 친구가 되려고 하는 내 아내, 고맙습니다.

2010년 2월

유신열

차 례

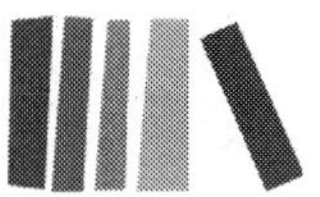

대학 행정인으로 살아가기

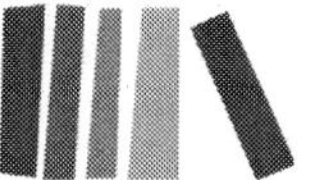

　나는 이 책에 내가 직장인으로 살아가는 방식을 가감없이 쓰고 싶었다. 조직이나 일을 중심에 두고 그것에 관한 이론을 이야기하고자 한다면 나는 이 글을 쓸 필요가 없을 뿐 아니라 애당초 그러한 것을 논의할 자격 조건이 안 된다. 이 책은 조직 시스템과 일에 대해 많은 이야기를 하고 있지만 정작 중요한 주인공은 그 속에서 부대끼며 살아가는 우리 자신이고, 경영자나 학자의 관점에서가 아니라 직장인의 관점에서 나의 이야기를 쓴 것이다. 조직의 경영자는 이 글을 읽고 불편할 수도 있다. 또 학자의 입장에서 보면 어설프다는 느낌을 줄지 모른다.

　하지만 나는 머리가 아니라 가슴으로 진지하게 쓰려고 했다. 단 한 줄도 남의 이야기가 아닌, 직장인으로서의 내 삶을 그대로 여기에 옮기려고 했다. 특별한 사람들의 이야기가 아닌 평범한 직장인의 삶과 관점을 표현해 주는 것이 이 책의 역할이기 때문이다. 그래서 이 책 속의 나는 조직 속에서 고민하고 상처받는 한 개인을 대표하고 있을 뿐이고, 내가 나를 가장 잘 알기에 나를 대상으로 할 수밖에 없었다. 그리고 내가 경험한 조직 사회가 대학 행정이라는 한 분야에 제한되어 있기에 그에 관한 이야기가 주를 이룬다.

나는 평범한 직장인이다. 다들 취직을 해야 되니 취직을 했고, 조직 속에서 그럭저럭 견뎌 내고 있고, 밤새워 일할 의욕보다는 어떻게 하면 일찍 퇴근해서 가족과 함께 보낼까를 생각하고, 월요일보다는 금요일이 더 기다려지고, 이제는 큰 꿈보다는 정년을 어떻게 큰 잘못 없이 맞을까를 생각한다. 가끔은 내 삶이, 내 청춘이 이렇게 조직 속에 갇혀서 시간을 흘려보내도 되는지 회의가 든다. 인생에서 직장은 꼭 한번 거쳐야 하는 마라톤 코스이고, 나도 마라톤 대열에 끼어들어 남들이 달리니까 그저 함께 달린다. 지친 몸으로 직장이라는 마라톤의 골인지점을 애타게 갈구한다.

이 책은 이러한 나를 투영하고 있기 때문에, 큰 꿈과 비전을 가지고 조직을 박차고 나가서 자신의 이상을 실현해야 한다는 가슴 두근거림을 재촉하지 않는다. 다만 내 직관에 의지해 바라본 내 생각만이 있다. 모두가 공감하는 일반적 이야기를 어설프게 설명한 것이 대부분일 것이고, 다른 사람들이 이해하기 어려운 나만의 주장, 색다른 생각도 가끔 있을 것이다. 퇴근 후에 동료와 소주 한잔 하면서 직장 이야기로 갑론을박하는 수준을 벗어나지 않는다. 그래서 이 책은 행정학이나 경영학 책과는 무게가 다르고, 이론의 형태를 갖추지 않은 것은 물론 논리 전개조차 어설플지 모른다.

하지만 한 발을 디뎌야 다음 발을 기약할 수 있는 것처럼 나 스스로 첫발을 들여놓은 것도 의미가 있을 것으로 생각하고 용기를 냈다.

책의 구체적인 내용을 들여다보면, 일반인들에게 다소 생소한 대학 행정 시스템에 관한 것이다. 대부분의 사람은 대학이라는 곳을 주로 학문적 관점에서 바라보기 때문에 행정이 작용하고 있다는 사실을 잘 인식하지 못한다. 대학 행정에 대한 책들은 간혹 있었다. 하지만 대부분의 책들이 서로의 개인적 경험을 바탕으로 접근한 측면이 있어 대학 행정의 근본에 접근하기에는 상당히 부족한 면이 있다. 대학 행정을 행정학 관점에서든 경영학 관점에서든 진지하게 학문적으로 바라보지 못했기 때문이다. 대학은 세상의 모든 것을 캠퍼스 안으로 가져와 연구 대상으로 삼았지만 정작 자신을 제대로 바라보려는 노력이 부족했다. 대학이라는 본질적 문제를 직시하지 못하는 현실에서 대학을 움직이는 시스템을 인식하기는 더욱 어려웠을 것이다. 그래서 대부분 대학 문제를 논할 때, 대학을 움직이는 시스템은 기업체나 공무원 조직보다도 못한 낙후한 시스템, 무사안일, 불친절 등 몇 마디 용어로 간단히 넘어가고, 더 이상의 체계적 분석 노력은 없다. 그동안 누구나 무관심했고 중요하게 여기지 않았기 때문에 이러한 결과가 나타나는 것은 당연하다.

반면 캠퍼스 밖에서 대한민국 국민으로, 또 지역주민으로 살아가면서 느끼는 행정은 우리 삶의 일상에 가장 큰 영향을 미치고 있다. 그래서 행정은 항상 뉴스의 주요 관심사이다. 행정에 대해 느끼는 정도는 캠퍼스 안과 밖이 완연히 다른 것이다. 하지만 우리는 중소도시 규모의 구성원과 예산을 가진 대학을 움직이는 행정시스템에 대해 무감각하게 지나칠 수는 없다. 캠퍼스를 행정이라는 관점에서 낯설게 봐야 하는 이유는 이처럼 잘 보이지 않는 실체를 제대로 인식하고 그 자체의 중요성을 다시 생각해 보기 위해서다. 행정을 제대로 이해하고 있지 못한 것 자체가 대학이 큰 중병을 앓는 하나의 원인일 수도 있다.

그렇다면 이 책에서 시도하려는 대학 행정 현장에서의 접근 방법은 대학의 병을 고칠 수 있는 약초를 찾는 단서를 제공할지도 모른다. 환자는 아픈 부위를 자신이 가장 잘 알고 있으며, 치료를 위해서는 의사에게 정확히 설명해 주어야 하는 것이 가장 중요하다. 마찬가지로 대학의 병을 고치기 위해서는 대학 행정 현장의 일선에 있는 사람들이 대학 행정에 대해 정확하고 의미 있게 표현하는 것이 가장 우선일 것이다. 나는 이 책이 그렇게 활용되기를 바란다. 아쉬운 점은 환자가 의학적 전문용어로 자신의 병을 설명하지 못하는 것처럼, 나 또한 대학 행정의 설명과정에서 정확하지 못하거나 스스로 잘못 진단한 부분도 많다. 하지만 처방은 의사의 몫이라 여기고 조금이나마 위안을 얻고자 한다.

이 책을 읽다 보면 그 끝은 결국 같은 이야기로 되돌아오는 느낌이 들 수도 있다. 그것은 나 스스로 폭넓지 못한 원인이 가장 크다. 다른 변명을 하자면 대학 행정이라 하는 도구는 어느 일이든 그 활용방법이 비슷하기 때문이다. 또 좀 더 구체적인 업무 사례에 접근하고 싶었지만 그러하지 못한 한계도 인정해야겠다. 그래서 개념적인 방법으로 설명하다 보니 약간 딱딱해지고 스스로 억지 논리를 전개한 감도 있다. 특히 2부가 그렇다. 하지만 전혀 쓸모없다 버리지는 말고 가끔 유용하게 쓰였으면 한다. 이런 딱딱함을 보완하고 대학 행정의 현장을 조금이나마 생생하게 전달하기 위해 나의 실전 이야기를 1부에 실었다. 나의 이야기를 곁들여 2부의 여행을 즐겼으면 한다.

또 이 책에서 이야기하는 논리는 일관되지 못하다. 하지만 나는 논리의 일관성을 억지로 맞추려고 하지 않았다. 자칫하면 오히려 내가 어설픈 논리의 틀 속에 갇혀 나를 잃어버리는 결과를 가져올 것이기 때문이다.

나에게 세상에서 가장 기쁜 순간 중의 하나를 꼽으라면, 내 딸들이 내 손을 떠나 홀로 자전거를 타고 학교운동장 언덕길을 내려가는 그 첫 순간일 것이다. 자전거를 타고 아빠의 손에서 멀어지는 아이들의 뒷모습을 보라. 아이들은 이제 좌우로 기우뚱거려야만 균형을 맞출 수 있음을 본능적으로 깨닫지 않았는가. 이 순간을 경험하지 못한 아빠들은 세상 살아가는 재미 하나를 놓쳤다고 보면 될 것이다. 개인의 삶도 마찬가지이지만, 나는 행정도 자전거 타기와 같다고 본다. 좌우로 흔들리면서 균형을 맞추어야 하는 것이 행정이 아닐까?

자전거를 탈 수 있다는 것과 못 탄다는 것의 차이는 무엇인가? 자전거를 탈 수 있는 사람과 그렇지 못한 사람의 신체구조가 다른가? 과학의 힘으로 어떤 사람이 자전거를 탈 수 있는 사람인지 구분해 낼 수 있을까? 자전거를 타는 사람의 능력은 어디에 보관되어 있을까? 물론 자전거를 타는 사람과 그렇지 못한 사람과의 신체적 차이는 없다. 자전거를 탈 수 있는 능력은 이성이 아닌 감각이다. 자전거를 타는 능력이 이성적 뇌를 통해서만 가능하다면 엄청난 과학적 지식이 있어야 할 것이다. 균형을 잡기 위해 자전거의 기우는 각도, 몸의 균형 상태, 핸들의 상태, 외부 공기의 흐름 등 수백 가지의 조건을 입력해서 번개처럼 계산해 내는 능력을 갖춰야 한다. 자전거 균형 한 번 맞추려다가 머리가 돌아버릴지도 모른다. 하지만 다행히도 우리는 이성이 아닌 감각을 통해 자전거를 타고, 감각은 우리 몸속에 이미 내재되어 있다. 그래서 자전거를 배운다는 것은 자신의 내재된 능력, 즉 몸속에 숨어 있는 감각을 깨우는 것이다. 그래서 우리는 아이들에게 자전거 타는 법을 말로 설명하지 않는다. 다만 스스로 그 감각을 깨닫도록 경험시키고, 곁에서 지켜볼 뿐이다.

나는 이 책을 쓰면서 나 자신에게 큰 도움이 되었다. 내 몸속의 행정 감각과 미세근육을 발달시켜 내가 행정이라는 자전거를 좀 더 익숙하게 탈 수 있도록 하는 훈련 과정이 된 것이다. 실제로 이 글을 쓰면서 내 행정 감각은 이전보다 훨씬 좋아졌음을 느낀다. 나는 행정의 감각을 키우는 데 여러 사람이 생각을 더 보탰으면 한다. 그래서 모두가 행정의 자전거를 자유자재로 탈 수 있기를 희망한다.

제1부

대학 행정인, 나의 이야기

제1장
조직 너머의 사람에게로

조직 너머에는 사람이 살고 있다. 나는 사람에게서 희망을 찾고 싶다. 그 사람이 조직속의 막연한 권위에 숨죽이지 않고 자유를 얻는다면, 그리고 그 자유의지로 조직의 변화를 이끌 수 있다는 힘을 발견하게 된다면 희망은 있다. 조직 속에서 자유의지를 가진 개인이 많으면 희망의 크기는 커질 것이다.

여행을 나서다

　대체로 여름과 겨울 방학이 끝나갈 무렵, 교내 전 직원들을 대상으로 소양교육이 실시된다. 대부분의 소양교육은 외부의 유명 강사를 초청해서 누가 들어도 도움이 될 만한 상식적인 내용으로 구성된다. 예를 들면 건강, 직장 예절, 리더십, 자기계발에 관한 내용 등이다. 나 또한 교육 때마다 약간은 의무적인 마음으로 앉아서 들어야 했고 강의시간 내내 반은 졸려서, 반은 가끔 들려오는 강의내용에 수긍해서 끄덕이곤 했다. 건강을 주제로 한 소양교육을 들으면 '그래 담배는 해로운 것이야, 소식하고 운동을 해야 해.'라고 다짐하고, 예절을 강의하는 시간에는 '그래 내가 좀 부족했지. 전화를 좀 더 활기찬 목소리로 상냥하게 받아야지.' 하고 스스로 반성하기도 한다. 그런데 희한한 일은 '참 좋은 강의였어.'라고 느꼈던 이러한 강의는 대부분 강의실 밖을 나오는 순간 나의 기억 속에서 사라져 버린다는 것이다. 이러한 증상은 비단 나뿐만이 아닌 것 같다. 담배가 해롭다는 강의를 듣고 나오자마자 서로 담배를 물고서 강의 내용이 마음에 와 닿는다고 한다. 사무실로 돌아와서는 친절하고자 하는 마음은 어디로 가고 전화기에 대고 화를 내기 시작한다. '참 좋은 강의'라는 의미는 단지 그 강의시간 동안 즐거웠다는 표현인 것 같다.

2007년 8월 여름 방학이 끝나갈 즈음, 여느 때와 마찬가지로 소양교육이 있었다. 하지만 그 소양교육은 동료에게는 이전의 소양교육과 다를 바 없는 일상의 하나일지 몰라도 나에게는 특별한 의미가 있었다. 바로 내가 그 자리에 강사로 나선 것이다. 예전과 같이 '참 좋은 강의'를 기대하던 동료들은 뜻밖의 강사에 놀라고, 예전처럼 참 좋은 강의와는 한참이나 떨어지는 강의수준에 실망했을 것 같다. 그래서 나의 강의는 동료에게 아마도 연기처럼 사라지는 참 좋은 강의가 아니라, '뭐 이래?' 하는 느낌이 들게 만드는 '참 나쁜 강의'로 오래 기억되어 남아 있지 않을까 싶다. 어쨌든 동료가 내 강의를 참 좋은 강의보다 좀 더 오래 기억할 수 있게 만들었다면 내 강의가 성공이라 자평해도 될까?

내 경험에 비추어 봐도 기존의 소양교육 강의 중에서 유명 인사의 강의는 거의 기억에 남아 있지 않다. 강의실에서는 고개를 끄덕이고 집중해서 들었던 어렴풋한 기억은 있다. 하지만 그중에서 내가 단 하나라도 받아들이고 꾸준히 내 생활에서 실천하는 것이 있기는 한 것인가. 그런데 내가 십수 년을 받아 온 소양교육 중 가장 뚜렷하게 기억하는 강의가 하나 있다. 그것은 유명 인사가 아닌 어느 선배 동료의 강의이다. 나는 그 선배가 했던 그 강의 장소는 물론이고, 무슨 얘기를 했는지, 말하는 표정은 어떠했는지, 심지어는 내가 어느 자리에 앉아 있었는지조차 또렷하게 기억한다. 그렇다고 그 강의내용이 그동안 많이 접해 본 참 좋은 강의보다 훨씬 훌륭했던 건 아니다. 동료들끼리 저녁에 소주 한잔하면서 일상적으로 하는 평범한 주제와 계몽적인 결론이 담긴 얘기였다.

참 좋은 강의는 일부러 머릿속에서 끄집어내려 하지 않으면 기억 속에서 잠들어 있지만, 왜 십여 년이 더 지난 그 평범한 강의는 어제의 일처럼 뚜렷한 것인가. 그것은 공명이 아닌가 싶다. 참 좋은 강의는 내가 들어도 되고 다른 환경에 있는 직장인이 들어도 귀에 잘 들어오고 맞는 얘기이다. 이렇게 도덕 교과서와 같은 보편성을 가진 강의는 세상의 수많은 좋은 얘기들과 같은 파장으로 나에게 다가온다. 그래서 귀에 익은 좋은 강의이기는 하지만 나에게 특별한 공명을 일으키지 못한다.

하지만 내 직장에 관한, 나에 관한 특별한 이야기를, 그것도 나의 동료가 했을 때는 다르다. 다른 직장 다른 사람에게는 전혀 공감할 수 없을지는 몰라도 같은 동료에게는, 그리고 나에게는 특별한 공감을 일으킨다. 서로 같은 것을 보고 느낀 애환은 그 조직 내의 동료만이 알 수 있는 특별한 것이다. 그래서 동료가 하는 강의는 나의 특별한 이야기가 되고, 서로 공명할 수 있다.

내가 소양교육 강사를 자청한 것도 그러한 공명을 전해 주고 싶은 마음이지 않았을까 한다. 유명 인사의 참 좋은 강의로 무난히 소양교육을 진행할 수 있음에도 참 나쁜 강의가 될 위험성을 감수하고 평범한 동료에게 강단을 내어 준 주관부서의 믿음과 결단에 고마움을 느끼는 한편, 평소 손들기를 좋아하지 않고 항상 뒷자리에 앉아 있는 내성적 성격의 소유자인 내가 동료 앞에 서 보겠다는 말을 불쑥 내뱉은 만용은 어디서 나왔는지 모르겠다.

아마도 내 속에 그러한 행동을 하게끔 하는 어떤 인자가 박혀 있나 보다. 1989년 어느 날도 그랬다. 대학 산악부 동기들이 학교 앞 여관에 모여 안데스 산맥의 최고봉인 아콩가구아 남벽 원정대에 우리 동기 중에서 누가 갈 것인가를 놓고 고민에 빠졌다. 결국,

방수하고 내가 그 원정대에 참여하기로 우리끼리 그렇게 결정을 했다. 아마도 방수와 나, 둘 다 바보 같은 그 어떤 인자가 있었던 것 같다.(여기서 방수는 water proof가 아니고 내 동기 이름이고 성은 김씨이다. 방수는 학교 때 못 다한 공부를 직장에 가서 다시 시작해 늦게나마 변호사 자격을 얻었다.) 결국 그 이후로 나는 미국의 요세미티 900m의 수직 벽으로, 아콩가구아 3,000m 남벽으로, 세계의 지붕인 초모랑마(대지의 여신이란 뜻의 에베레스트의 티베트어)로, 아프리카 킬리만자로까지 수직의 세계를 떠돌아다녔다. 86년 대학 입학 후 나에게 숙명처럼 받아들여졌던 5대륙 최고봉 등정이라는 목표는 1996년 킬리만자로에 오름으로써 완성되었고, 나는 다시 수평의 세계로 돌아왔다.

누구나 그렇듯 시골에서 부모의 기대를 안고 서울에 올라온 평범한 대학생이었고 월급쟁이인 나를 수직의 벽에 2박 3일씩 매달려 있도록 하고 8,000m 죽음의 지대에 서 있도록 만든 그 무엇은, 나를 평범하지만 평범하지 못하게 했고 수평과 수직의 세계 사이에서 갈등과 고뇌를 깊게 만들었다.

나는 발끝 하나 디딜 곳 없는 절벽에 매달려 있을 때의 희열보다도, 채 열 발자국도 못 가서 숨을 헐떡이는 죽음의 지대에서 발 아래로 굽어보는 경치보다도, 등반이 끝난 후의 평범하고 조그마한 일상들이 내 살갗에 닿아 전해지는 행복감을 느끼는 것이 더 좋았다. 산이 좋아 산을 찾은 것이 아니라 그 일상의 행복을 위해 산을 찾았는지도 모르겠다.

눈을 감고 걸어도 굴러떨어지지 않을 든든한 땅을 발바닥 전체로 느끼고, 숨이 차지 않을 만큼의 충분한 산소가 포함된 공기가 코로 들어오고, 비 오는 날 처마 밑에 앉아 지붕과 대지에 떨어지는 빗소리를 듣고 있을 때, 그 땅과 그 공기와 그 빗소리와 지붕 아래의 그 조그만 공간이 얼마나 감사하고 행복한 일인지. 그래서 난 수직의 세계에서 내려오면 그저 맨땅을 걷고 숨만 쉬고 있어도 약간 모자란 사람처럼 실없이 웃고 다녔다. 수평의 세계에서 누구나 물처럼 흔한 그 일상 하나하나가 나를 즐겁게 만든 것이다. 나를 진정으로 즐겁게 하는 것은 크고 강한 것에 있지 않았고, 나의 밖에 존재하지도 않았고, 남과 경쟁해서 이겨야만 존재하는 그런 것도 아니었다. 5대륙 최고봉 등정의 엄숙한 이데아를 내려놓고 난 이후, 내가 찾은 것은 바로 일상의 미세한 행복감이었다.

그런데 동료 앞에 선 그날, 나는 수평의 세상 속에서 내가 또 하나의 등산을 위해 배낭을 꾸리고 있음을 알았다.

'또 떠나야 한단 말인가? 수평의 세계에 돌아와서도 사람들이 많이 모여 있는 곳에 머물지 못하고 또다시 인적이 드문 길을 외롭게 걸어가려 하는 것인가?'

하지만 이미 늦은 것 같다. 소양교육을 끝내면서 동료 직원들에게 나 혼자 약속하고 말았으니 말이다. 다음 달부터 매달 한 차례씩 동료 직원들이 얼굴을 맞대고 토론을 할 수 있는 행정토론회를 마련하겠다고.

행정토론회의 시작

　2007년 9월 셋째 주 어느 날, 약속한 대로 행정직원들 간의 첫 번째 행정토론회를 개최했다. 직원들의 근무시간을 고려하여 저녁 6시 30분에 토론회 시간을 택했고, 장소는 모든 직원이 참석해도 수용할 수 있는 넓은 공간을 갖춘 국제회의장을 미리 예약해 두었다. 나는 저녁 6시까지 근무를 마치고 토론회장에 미리 가서 토론회 준비를 하고 동료를 기다렸다. 그러나 6시 30분이 지나 토론회가 끝날 때까지 참석한 사람은 결국 우리 팀 직원 2명과 엊그제 입사한 신입사원 3명, 그리고 다른 팀 동료 2명뿐이었다. 텅 빈 토론회장을 보면서 다리에 힘이 빠지고 가슴이 뻥 뚫린 느낌이었다. 하지만 내가 스스로 선택한 고달픈 길이 아닌가.

　마음을 새롭게 잡고, 마치 모든 직원이 참석한 것과 같이 내가 준비한 대로 토론회를 진행했다. 나에게 큰 힘이 되어 준 것은 비록 몇 명 되지 않지만 이 자리에 참석한 동료들이었고, 그들도 이 외로운 길에 전적으로 동감하고 있었다. 그리고 나를 더욱 격려한 건 교내신문이었다. 첫 토론회 내용을 교내신문에서 기사화해 주었고, 인터넷 판에는 회의내용을 자세히 설명까지 해 주었다. 이런 관심은 뜻밖이었다.

　나중에 교내신문 기자들과 간단한 저녁식사를 할 기회가 있었는데 이 자리에서 나는 학내의 아주 사소한 부분일 수도 있는 행정토론회를 이렇게까지 가치있게 기사로 실어 준 것에 대해 깊은 고마움을 전했다. 그러자 신문사 편집국장과 취재부장은 대학에서 행정 직원들이 대학을 위해 이렇게 고민하는 모습에 대해 신선한 충격을 받았고, 이러한 활동은 기사로 다룰 만한 가치가 충분히 있다고 판단했다고 한다. 나는 그들이 가진 대학 행정직원들에 대한 인식이 어느 정도인지, 그리고 기사를 실어 준 의도가 무엇인지 안다. 그리고 한편으로는 그들 학생 기자들이 대학 행정에 대한 그동안의 실망만큼이나 기대가 있음도 안다.

아래는 당시 교내신문에 실린 기사 원문이다. 토론회의 한 단면을 이해하는 데 도움이 될 수 있을 것이다.

'적극적 행정 필요' 행정토론회 열려
[1570호] 2007년 09월 29일 (토) 18:36:14 김현영 기자lena21@kukey.com

지난달 20일(목) 국제원격회의실에서 행정토론회가 열렸다. 토론회는 학적·수업지원팀의 유신열 과장의 '행정이란 무엇인가' 발제로 시작해 참여자들의 자유 토론으로 마무리됐다. 토론회에선 행정에 대한 직원들의 생각과 발전방향, 업무 등에 대한 이야기가 오고 갔다.
OOO 과장은 "시키는 일만 하는 행정이 아니라 적극적으로 참여하는 행정이 되어야 한다."며 "대체 인력에 교체되지 않도록 대학 행정에 대해 차별화를 해야 한다."고 말했다.
직원 OOO 씨는 "근무 11년 동안 행정토론은 처음"이라며 "지식도 축적되고 노하우도 공유하는 자리가 되길 바란다."고 말했다.
유 과장은 "토론회는 매달 3번째 목요일에 정기적으로 개최될 예정이나 이번처럼 직원들의 참여가 저조하다면 다른 시간대로 옮길 의향도 있다."고 밝혔다.

〈토론회에서 오고 간 내용들〉
대학 행정에 대한 인식은 학사지원부 정도나 원스톱 정도가 일반적인 대학 구성원들의 인식이다. 우리는 어떻게 보면 숨겨져 있는 존재다. 하지만 우리는 학사지원부 이상의 일을 한다. 큰 역할이나 줄거리, 제도 등은 다 우리가 하는데 시키는 일만 하면 안 된다. 우리 스스로 수동적인 역할을 깨야 한다. 외국 대학 벤치마킹도 하고 발굴도 해야 한다고 생각한다.
지금까지의 행정은 틀에 갇혀 있었는데 점차 패러다임이 변하는 만큼 행정도 변해야 한다. 이때까지 행정의 문제점 중의 하나는 노하우나 지식이 전달이 되지 않는다는 것이다. 처음 입사하면 자기가 스스로 깨닫거나 선배들에게 알음알음 알아가야 하는데, 앞으로는 홈페이지나 커뮤니티 등에 지식도 축적해서 전달이 됐으면 한다. 소통을 위한 활동으로는 △행정토론회 △커뮤니티 △간행물 △자체 홈페이지 등을 생각하고 있다.

교원들도 소통을 하기 위해 여러 가지로 움직이고 학교에서 재정도 받는데, 우리는 현재 재정 지원을 받지 않고 독자적으로 운영하고 있다. 하지만 학교의 지원을 받으며 제도로 만들어지는 것보다 자체 활동이 더 긍정적이라고 생각한다. 그래야 우리끼리 더 자유로운 토론도 가능할 것이라 생각하고. 사실 행정토론회는 딱딱한 느낌이 아니다. 우리가 '만들어서' 가자는 생각에서 일어난 것이다.

우리 학교 행정학과에는 여러 종류의 행정학이 있다. 도시행정이나 정부행정이나…… 하지만 중요한 대학 행정에 대한 학문이 없다. 이게 말이 되나. 대학 행정은 교육기관에서 일어나는 행정이기 때문에 기존의 행정과 차별화되는 요소들이 많다. 대학 행정에 대한 학문적 기반이 얇다면 우리가 대학 행정에 대한 학문적 접근도 하자. 대학 행정학을 만드는 것이다. 그리고 방학 등을 이용해 행정 아카데미 등도 만들었으면 한다. 지금은 인력개발팀에서 하는 교육으로 하고 있긴 하지만 부족하지 않나.

'3월의 행정토론회' 열려

[1582호] 2008년 03월 22일(토) 13:11:49 전혜원 기자woni@kunews.ac.kr

'3월의 행정토론회'가 지난 19일(수) 직원 10여 명이 참여한 가운데 본관 제2회의실에서 열렸다. 이번 토론회는 '대학, 행정조직, 행정인의 인식과 역할'을 주제로 약 두 시간에 걸쳐 진행됐다.

매달 셋째 주 수요일에 정기적으로 개최되고 있는 행정토론회는 직원들의 소통 증진 및 지식 공유를 목적으로 자발적으로 운영되고 있다.

이날 발표를 맡은 학적·수업지원팀 유신열 과장은 "직원들이 자신의 판단을 믿지 못하고 조직의 의사 결정에 지나치게 의존하는 경향이 있다."고 지적하며 "행정 조직의 실체를 인식하고 이를 주체적으로 활용해야 한다."고 말했다. 유 과장은 이어 "처장단 회의에서는 장기적인 안목의 정책결정 및 방향 설정이 이뤄져야 하며 구체적 실천 방안은 실무자들이 논의해야 한다."고 주장했다.

행정 조직 혁신이 이뤄지기 위해서는 업무 환경 개선이 우선이라는 지적도 있었다. 000팀 000 부장은 "10년 전 구조조정으로 직원 인력이 감축되면서 각 부서의 업무 처리가 이미 한계에 와 있다."며 "학교 측에 지속적으로 부족한 직원의 충원을 요구해야 한다."고 말했다.

이 밖에도 이번 행정토론회에선 △성숙한 조직 문화를 조성하는 것이 필요하다 △성과에 대한 적절한 보상을 통한 동기부여가 이뤄져야 한다 △분권화를 통해 경쟁력을 높여야 한다 △경영진과 직원 간의 신뢰를 회복하는 것이 중요하다 등 다양한 의견이 제시됐다. 다음 토론회는 4월 셋째 주 수요일인 16일에 예정돼 있다.

자료집을 만들다

　2008년 2월에 '대학과 행정'이라는 제목으로 자료집을 만들었다. 그동안 매달 행정토론회에서 발표한 6편의 글을 모아서 만든 것이다. 인터넷에서 학술지를 만드는 업체를 찾아서 원고를 넘겨주고, 설 연휴를 사이에 두고 업체와 메일을 주고받으며 책 디자인부터 원고 교정까지 혼자서 감당했다. 앞으로 우리 대학의 울타리를 벗어나 적어도 우리나라 대학 행정에 관한 담론을 담아내고자 하는 목표를 두고 책의 제목이나 디자인, 발행 주체도 신경을 써서 정했다. '대학과 행정'은 이렇게 해서 단 며칠 만에 탄생했고 ISSN 번호를 받아 300부를 발간하여 학교의 도서관에도 비치하였다. 며칠 사이의 즉흥적 결정이기는 하지만 오랫동안 해 오던 생각들이 한 순간의 기회를 통해서 분출한 것이고, 나는 이러한 결정의 순간마다 내 직관에 따라 움직였다.

　나는 '대학과 행정'을 만들기 며칠 전, 원고를 써 준 동료들과 함께 점심식사 자리를 마련했다. 나는 이 자리에서 자료집을 만들고 싶다는 의사를 밝히고 어떻게 했으면 좋은지 서로 의견을 나누었는데 대체로 의견은 두 갈래로 나뉘었다. 하나는 형식에 구애받지 말고 지금까지 모은 글들을 복사 집에 맡겨서 제본하는 수준으로라도 우선 만들자는 의견이었고, 또 다른 의견은 좀 더 시간을 두고 완성도 높은 책으로 만들자는 의견이었다. 이 자리에서 결론이 나진 않았다. 나는 여러 의견을 듣고 우선 내 생각대로 움직였다. 행동이 필요한 시점이었기 때문이다. 행정토론회나 자료집을 만드는 것이 업무의 일환이었다면 당연히 공식적 절차를 거쳐야 하지만 지금 내가 하는 일은 모두 나의 일이고 내가 결정해야 할 일이다.

'대학과 행정'이 발간되고 한 달 정도의 시간이 흘렀다. 그 사이 제작비용 문제를 해결했다. 자료집을 무조건 만들었지만 120여만 원의 제작비용에 대해서는 사실 나도 대책이 없는 상황이었다. 나는 학교에서 지원을 받지 않고 뜻이 있는 동료로부터 십시일반 도움을 받아 비용을 충당하고자 하는 마음이 강했지만, 결국 비용 전액을 인력개발팀에서 지원을 받았다. 자료집의 결과물에 대해 학교에서 충분히 보상해 줄 가치가 있다고 판단한 것이다. 토론회를 하고 자료집을 만드는 일련의 노력이 자칫 기존의 조직에 대한 도전이나 부적정한 행동으로 흘러갈 위험성을 피해 그 사이를 잘 미끄러져 갔다는 긍정적 신호로 봐도 될 것 같다.

자료집 자체에 대한 평가도 대체로 긍정적인 편이다. 부끄럽지만 자화자찬을 조금 하자면 일부 교수들은 자신들의 학술지에 비해서도 손색이 없다고 칭찬한다. 하지만 중요한 것은 동료 직원들이다. 적극적인 동료 몇몇은 좋은 의견도 주지만 직원 사회의 대체적인 반응은 무반응이다. 나는 자료집을 냈다는 자체를 자랑하고 싶은 것이 아니다. 다만, 조직 생명체가 좀 더 생기 있는 표정이었으면 한다.

나는 '대학과 행정' 발간 이전과 이후를 다시 생각해 본다. 자료집 제작 아이디어를 얻기 위한 점심 모임으로 다시 거슬러 올라가면, 그날 모임에서는 두 가지 의견이 나왔었다. 내가 실행을 보류하고 의견합의를 통해서 진행하고자 마음을 먹었다면 다음에 다시 만나 논의를 해야 했을 것이고, 제작비용을 어떻게 부담해야 할지도 협의해야 했을 것이다. 하지만 의견을 모으는 과정이 쉽지 않았을 것이다. 아마도 '우선 조직을 갖추고, 편집위원을 정하고, 자료집의 내용에 대해 토의하고, 비용문제를 학교와 협의하고, …', 아직도 계속 협의만 하고 있을 가능성이 크다. 그리고 시간이 흐를수록 비공식적 자체 활동의 의지만 약화될 것이다.

하지만 지금은 '대학과 행정'이라는 실체에 대해 논의할 수 있다. 자료집의 실체가 존재하지 않을 때보다 지금의 기본 바탕 위에서 앞으로의 전략을 한층 구체화할 수 있게 되었다. 논의를 통하여 좀 더 나은 실천을 이끌어 내는 것이 바람직하다. 하지만 실천이 따르지 않는 논의보다는 조금이라도 현실보다 더 나아지게 하는 실천을 택하는 것이 지름길인 경우가 많다. '대학과 행정'도 시간을 두고 많은 사람의 의견을 수렴하여 더 나은 자료집으로 나올 수 있었을 것이다. 하지만 높은 기대수준이 오히려 자료집의 발간을 가로막는 장애물이 될 수 있다. 나는 자료집이 없는 공허한 논의보다는 현실보다 조금 진전될 수 있는 실천을 택했다. 이제 다음 단계를 생각하면 된다.

인터뷰

2008년 4월 노동조합에서 행정토론회에 대해 인터뷰를 요청해 왔다. 노동조합 사무실에서 간사의 질문에 내가 대답한 내용이다.

(간사) 행정토론회를 만드시게 된 취지나 얻고자 하시는 기대효과를 여쭤 보고 싶습니다.

(나) 작년에 제가 신입직원 8명 직무교육을 하면서 문득 느꼈던 부분이 한 가지 있었습니다. 수많은 경쟁률을 뚫고 들어온 신입직원들 앞에서 '그 친구들한테 내가 보여 줄 수 있는 것이 뭘까?', '그들한테 직장 선배로서 비전을 줄 수 있는 것이 무엇인가?'라는 고민이 있었습니다. (행정토론회의 아이디어를) 갑작스럽게 생각해 낸 것은 아니고 마음속에 그동안 담아 두었던 그런 생각들을 그 친구들(신입직원)을 보면서 자연스럽게 밖으로 꺼내게 된 것입니다.

(간사) '토론회'라는 단어를 사용하시면서 개념을 어느 정도 규정지은 것 같습니다. 그런 면을 보았을 때 행정토론회와 비슷한 성격의 어떤 내용을 기업체나 타 대학에서 벤치마킹을 하신 부분이 있는 건지? 아니면 순전히 개인의 생각 속에서 나온 부분인지 궁금합니다.

(나) 제가 별로 좋아하지 않는 것이 벤치마킹입니다. 이건 굳이 벤치마
킹할 성격이 아니었습니다. 아마 비슷한 생각을 하는 사람들이 먼
저 그런 것들을 했을지도 모르죠. 여하튼 문제는 우리한테 필요하
다는 것, 그 생각 위에 (행정토론회가) 만들어진 것이고 그 친구
들(신입직원)과 정말 재미있게 일할 수 있도록 한번 만들어 보자
는 취지하에 만든 것이 전부입니다.

(간사) 과장님 말씀 중에 신입직원들에 대한 언급이 많으신데, 행정토
론회를 만드는 데 가장 큰 기여를 한 신입직원이 어떤 분인지
실명을 공개하실 수 있겠습니까?

(나) 사실 혼자 시작했고 지금도 혼자 하고 있다고 봐야죠. 첫 실마리가 8
월 직무교육을 할 때 인력개발팀에 요청해서 소양교육 시간에 '나에
게 30분만 달라.'라고 했던 거였습니다. 거기에서 '소양교육이나
일반적인 교육도 좋지만 직원들 스스로 잠재적 역량을 깨워 보자!'
라는 생각에 한 달에 한 번 정도 만나 보자고 제안했습니다. 처음은
'그냥 만납시다.'였지요. 만나는 건 나쁘지 않은 거 아닙니까?

(간사) 행정토론회는 결국, 어때야 하는지……. 오늘 순서상 빠른 감이
있는 질문을 먼저 드려 보겠습니다.

(나) 저는 이 토론회가 형식적이지 않기를 매번 바라는 마음입니다. 개인
적으로 조직화하는 것을 싫어합니다. 토론회도 욕심을 앞세워 조직
화를 시도한다면 굳어 버릴 가능성이 있습니다. 지금과 같은 유연함
이 더 좋을 것으로 생각합니다. 또 지금은 겹겹이 쳐진 칸막이 속에
서 컴퓨터 앞에 온종일 앉아 있습니다. 그래도 예전에는 다른 부서
에 자유롭게 들락거리면서 나름대로 소통을 했습니다. 그런 느낌을

조금이라도 되살렸으면 하는 조그마한 바람만으로도 토론회가 존재하는 의미가 있다고 생각합니다.

(간사) 결국 과장님께서 갖고 계시는 화두는 행정토론회를 만드신 배경과 연결 지어서 봤을 때 '소통'이라는 것이 아닐까 생각합니다. 그럼 행정토론회를 어떻게 해야 할 것인지 방법 면에서 어떤 생각을 하고 계셨던 건지 궁금합니다.

(나) 어느 토론이든 너무 일반적이고 현실적인 주제로 가면 5분도 안 되어서 싸움이 납니다. 행정토론회는 2시간여 동안 앉아 있어도 내 얘기를 들어 주고 나를 존중해 주는 느낌을 받을 수 있도록 하려고 합니다. 그래서 중요한 게 바로 발제자의 역할인 듯합니다. 자신이 평소에 가진 생각들을 한 달여 동안 잘 정리하여, 마치 논문 하나를 감당하듯 준비하게 되면 좋은 내용의 토론이 된다고 봅니다. 그런 진지함이 참석한 사람들의 마음을 열게 해 주고 본인들이 그동안 담아 둔 말을 자연스럽게 할 수 있게끔 해 주는 것이 아닌가 합니다.

(간사) 아까 말씀대로라면 토론이 자칫 소모적인 부분으로 흐를 수 있다고 볼 수 있습니다. 그런데 행정토론회의 발제 내용을 볼 때는 전문적인 부분이 있어서 그런지 몰라도 내용이 심도 있고 준비를 많이 하셔야 할 듯한 인상을 받았습니다. 그러다 보면 좀 지루하거나 그런 부분이 있어서 흥미를 끌 만한 부분이 없지는 않을까란 생각을 해 봅니다.

(나) 아까 말씀드린 것처럼 현실적인 부분으로 내려가면 우리 스스로 아직 토론에 익숙하지 않아 좀 조심스럽습니다. 또한 토론회에서 선택하는 주제는 기존 조직에서 수행해야 할 업무와 분명히 가릴 필요가 있습니다. 지금은 너무 학술적이지 않으면서 모두 공감할 수 있는 주제를 잡는 방향으로 하고 있습니다. 앞으로는 현실 문제까지 논의할 수 있을 날이 있겠지요. 그러기 위해서는 우리에게 필요한 것은 바로 토론의 기술입니다. 일과 관련되어 직원들끼리 치열하게 토론하여 합리적인 결론을 이끌어 내는 과정을 저 또한 한 번도 배운 적이 없고 여태껏 조직 내에서 그런 분위기를 만들어 내기도 어려웠습니다. 하지만 행정토론회를 통하여 그런 점들이 극복되고 있다는 것을 전해 들을 때 보람을 느낍니다.

(간사) 과장님 말씀 속에서 행정토론회가 조직이 처해 있는 한계를 극복하는 좋은 대안의 장으로 정착되길 바라시는 것 같습니다. 그렇다면 작년 9월 첫 토론회 이후 직원들의 반응은 어떠했는지 궁금합니다.

(나) 저는 행정토론회를 통해서 너무나도 따뜻한 느낌을 받아 왔는데……. 참석자는 그에 비해 좀 적은 듯합니다. 그러나 숫자에 개의치 않고 모임이 좋으면 많이 오실 거라 믿고 있습니다. 어차피 전 직원을 다 오시라고 할 수는 없는 일이겠죠.

(간사) 과장님 말씀들 들으면서 변화에 대한 느낌이 참 가슴에 와 닿았습니다. 마지막으로 행정토론회와 관련되어 하실 말씀을 부탁하겠습니다.

(나) 저는 참여하는 모든 분이 동료애를 뜨겁게 느낄 수 있도록 만들어
가고 싶어요. 기존에는 동료애를 느끼려면 저녁에 꼭 술집을 찾아
가야 했어요. 그것도 물론 중요합니다. 그런데 평생 가장 많은 시
간을 쏟는 곳인 직장과 관련된 고민과 생각은 각자의 마음속 깊은
곳에 갇혀 있습니다. 저는 이런 것을 모두 걷어 내고 싶습니다.
두 번째는 행정토론회를 통하여 우리 조직이 실질적으로 변화하는
데 조금이라도 도움이 되었으면 합니다. 저희가 토론회를 하고 실
력행사를 하듯 반영을 요구해서는 안 됩니다. 다만 조직이 토론회
에서 나온 얘기뿐만 아니라 다양한 의견도 들어 줄 아량을 보여
줄 필요는 있습니다. 토론회는 어떤 의사결정을 하는 기구가 아닙
니다. 토론회에 참여하는 우리 스스로 서로 도움을 주고 소통해서
각자의 역량을 키우는 과정입니다. 그리고 각자의 부서에 돌아가
서 그 능력을 발휘하는 것이 조직과 토론회가 함께 상생하는 길입
니다. 모두 환영하는 마음으로 기다리겠습니다. 감사합니다.

동료에게 보내는 편지

2008년 봄, 동료에게 보내는 편지 한 통을 썼다. 하지만 부치지 못했다.

세상에서 가장 별난 기업에 관한 이야기인 「셈코스토리」(리카르도 세믈러 지음)를 아주 재미있게 읽은 기억이 납니다. 저자는 브라질에 본사를 둔 셈코의 CEO로 일하고 있으면서 자신의 회사를 '일주일 내내 주말처럼 즐기면서 업무의 성과를 높이는' 회사로 만들었습니다. 그는 자신의 회사에서 자신이 꿈꾸는 이상적 회사를 만든 것 같습니다. 그가 택한 회사 경영방식의 기본은 통제를 포기하고 일하는 방식을 근본적으로 바꾸어 버린 것입니다. 그래서 자신의 회사를 '일을 하면 피할 수 없다고 생각하는 반복과 지겨움과 짜증스러움을 즐거움과 창조적 영감과 자유로움'이 있는 곳으로 바꿔 냈습니다.

저는 셈코스토리를 읽으면서 통쾌한 대리만족을 느꼈습니다. 지구 반대편에 내가 꿈꾸는 조직문화를 훌륭하게 실현해 내는 회사가 있었고, 그 회사는 내가 헛된 몽상가가 아님을 훌륭히 증명해 주었기 때문입니다. 저는 우리 직장에도 '즐거움과 창조적 영감과 자유로움'이 넘쳐나는 조직이 되기를 꿈꾸어 봅니다. 하지만 현실과 꿈은 너무 멀리 떨어져 있고, 아마도 우리 직장이 셈코와 같은 조직이 되는 것은 영원히 불가능할 것입니다. 그래도 저는 직장에서 즐거움, 영감, 자유로움을 느끼려고 노력하고 있습니다. 비록 조직문화가 그렇지 않다 하더라도 나 스스로 거기에 맞춰 간다면 나의 인생은 별로 재미가 없을 것이고, 돌아오는 월요일의 발걸음이 무겁고, 주말을 세상의 탈출구로 여기며 살아야 할 것입니다. 저는 직장을 주말처럼 즐기는 놀이장소로 만들었으면 합니다. 그러기 위해서는 내가 하는 일이 '남의 일'이 아니라 '나의 일'이 되어야 할 것 같습니다. '나의 일'을 한다는 생각이 필요할 것입니다. '나의 일'은 책임의식으로 어깨를 무겁게도 하지만 동시에 즐거움을 주는 것입니다.

마음속의 꿈과 현실 사이에서 현실 쪽으로 기울어 가는 저의 등을 떠민 것은 동료 신입직원들의 눈빛이었습니다. 그들 앞에 선 제 모습은 너무도 초라했고, 저는 그들에게 아무런 희망도 되지 못했습니다. 어느 순간 나 자신이 숲 속 한가운데에 들어서 있었고, 나의 길을 따라 후배들이 걸어오는 모습을 보게 된 것입니다. 그들을 통해 나의 모습을 보고 마음속의 꿈을 찾아 떠나 보기로 했고, 그 시작은 행정토론회를 통한 만남에서부터 출발했습니다. 행정토론회는 이론적 배경이나 조직을 갖추고 시작한 것이 아니라 제 직관이 행동으로 우선 보여 주기를 바랐습니다. 이렇게 시작된 행정토론회는 지금 매달 한 번씩 이어 가고 있고, 그동안 발표된 자료를 모아서 간행물도 만들었습니다. 앞으로 어떻게 발전할지는 저도 잘 모릅니다(편의상 행정직원이 꿈을 찾는 일련의 과정을 커뮤니티 제목처럼 '대학 행정 아카데미'라고 부르기로 하겠습니다).

지금 시점에서 '대학 행정 아카데미는 잘되고 있는가?' 하는 자문을 해 봅니다. 토론회가 매달 끊이지 않고 이어져 오고 있으며 토론회의 주제발표도 아직은 눈살을 찌푸릴 정도는 아니고, 교내신문 등 언론에서도 관심을 두고 귀엽게(?) 봐 주는 것 같습니다. 외형적으로는 토론회가 상당히 자리를 잡고 성공한 셈입니다. 하지만 아직 성공이라고 평가하기는 좀 이른 것 같습니다. 한 가지 단적인 경험을 말씀드려야 할 것 같습니다. 3월의 행정토론회 발표 자료를 직원들에게 그룹 메일로 발송했습니다(직원의 대상에는 총장을 비롯한 보직자도 포함됩니다). 발송 대상자 1,640명 중에서 메일을 확인한 직원은 814명으로 50.34%입니다. 그중에서 글을 읽어 보시고 답글을 주신 분은 단 두 분이셨고, 두 분 모두 교수님이셨습니다. 행정을 하시는 직원 분들은 아무도 답글이 없었다는 것입니다. 달리와 라타네 두 심리학자는 살인사건을 목격한 38명이 아무 조치도 취하지 않고 방관한 사건을 심리적으로 분석하기 위해 같은 조건의 실험을 통해 '개인의 책임의식은 집단 규모에 반비례한다.'는 사실을 밝혀냈습니다. 경우는 다르지만 저는 이 그룹 메일에 대한 반응을 통해 심리학자의 분석과 일치하는 현실을 경험하고 있는 것입니다.

대학 행정 아카데미가 성공했다고 하기 위해서는 아직 한 가지 조건이 더 필요합니다. 그것은 바로 동료들이 마음으로 귀담아들어 주고, 아낌없이 손뼉을 쳐 주는 것입니다. 많은 분의 관심은 '직원이 토론회를 하고, 책을 만들었다.'는 것에 집중되어 있는 것 같습니다. 하지만 그것은 형식적인 것입니다. '무엇을 했다.'라는 자체가 아니라 동료가 무엇을 말하는지 진심으로 귀담아들어 주고, 나의 견해를 보태 주어야 합니다. 그리고 그에게 아낌없는 박수를 주셔야 합니다. 아무리 훌륭한 공연이라 하더라도 기립박수가 없으면 관객은 감동과 재미를 느낄 수 없습니다. 동료를 향한 박수는 결국 자신을 위하고, 우리를 위한 박수입니다.

　많은 분이 지금의 행정에 만족하지는 않은 것 같습니다. 그리고 나름대로 문제점과 대안을 가지고 계십니다. 하지만 가지고 있는 뜻을 펼치지 않으면 아무 소용이 없습니다. 달리와 라타네는 집단적 위기 상황에서 책임을 질 권위자가 없을 때 어떤 일이 일어나는지를 여실히 보여 주었습니다. 누군가 위기상황에 있을 때 내가 먼저 손을 내밀지 않으면 아무도 내밀지 않습니다.

희망의 불씨

　2009년 4월 토론회에는 나를 포함해서 4명이 참석했다. 최근 몇 달 동안 참석자가 10명을 넘기기 어렵다. 참여현황만 본다면 다시 처음 시작할 때의 상황으로 되돌아갔다. 가끔 참석해서 힘을 실어 주시던 어느 부장님께서 쓸쓸한 토론회장을 보시고, 지금과 같은 순수한 토론보다는 좀 더 강력한 힘을 발휘할 수 있도록 조직화하고 현실에 적극적으로 참여하자는 의견을 주셨다. 쓸쓸한 토론회장이 나에게는 익숙한 모습이 되었지만, 그 부장님은 미안한 마음에 해 주신 격려의 말씀일 수도 있다.

　4월이면 벌써 19번째 토론회다. 그동안 우리 행정조직에는 어떤 변화가 있었을까? 외형적으로는 실패했다. 기꺼이 토론회에 참여한 사람들이 손가락을 꼽을 만큼밖에 없으니 말이다. 덕분에 나는 무관심의 칼날에 마음의 상처를 입을 수도 있었다. 독립운동 하듯 큰 명분을 가지고 하는 의로운 행동도 아니고, 그저 동료와 조금 다른 생각을 일상에서 실천한다는 것이 참 어렵다. 행정토론회 자체보다는 그것을 이끄는 사람의 저의가 더 흥미롭고 관심의 대상이 되는 것이 어쩌면 당연할 거다. 나는 침묵하는 다수에게 그들이 우려하는 저의가 없음을 애써 해명할 방법도 없다. 그저 동료가 언젠가는 나를 있는 그대로 봐 줄 날을 기다릴 수밖에 없다.

나는 보이지 않는 다수에게 나의 모든 사고방식과 가치관이 투명하게 노출되어 있다. 매달 토론할 주제의 선정이나 그것에 대한 인식, 주장, 대안 등을 통해 내 모든 생각이 공유된다. 하지만 나는 다수의 생각을 모른다. 밝은 무대 위에 홀로 서 있어야 하고, 객석에 있는 관객의 모습은 전혀 보이지 않는다. 침묵하는 다수 중에는 '너무 튀는 것 아닌가?' '자신의 이름값을 높이기 위한 계산된 행동은 아닌가?', '윗사람에게 잘 보이기 위한 쇼가 아닌가?' '잘난 척하는군.' '이상적인 얘기야.' '다 좋은데 실제로 가능하겠어?' '재는 생각이 왜 저래?' 등의 생각들도 있을 것이다. 그러나 그러한 생각조차 나에게 반응해 주지 않으면 나는 모른다. 그저 다수의 눈빛과 행동을 보고 스스로 짐작해야 한다. 그래서 나의 사고방식과 가치관이 지금의 사회조직에서 어떻게 해석될지 알 수 없다. 남들보다 조금은 앞선 생각일 수도 있고, 남들보다 뒤떨어진 생각일 수도 있다. 아니 일상에서 수용할 수 없는 유치한 생각인지도 모른다.

나는 지금 안개가 자욱한 칼날능선 위를 종주하고 있다. 내가 믿을 수 있는 건 손에 쥔 지도와 나침반이다. 내가 걸어가는 길이 옳은지는 지금의 안개 낀 상황에서는 종잡을 수가 없다. 걸어서 가장 높은 곳으로 올라가 봐야 한다. 그리고 그곳에서 안개가 걷히면 산세가 드러날 것이다. 행정토론회를 걸어가면서 내가 손에 쥔 지도와 나침반은 바로 나의 직관이다. 내가 보고 느낀 행정의 직관에 따라 본능적으로 움직일 것이다. 나의 직관이 잘못되었다면 도중에 길을 잃고 헤맬 것이다. 또 옳지 않은 저의가 있다면 칼날능선 아래의 낭떠러지로 떨어질지 모른다.

길을 가면서 나를 헷갈리게 하는 여러 갈래의 길이 있어서 망설

이게 하기도 한다. 지금도 안개 낀 칼날능선 위를 걷고 있지만, 다행히 내가 가는 길이 틀리지 않았음을 나타내는 이정표를 곳곳에서 확인할 수 있다. 참석은 못 했지만 지난 저녁에 토론회는 잘했는지 간혹 관심을 표시해 주는 동료, 마음으로나마 응원하겠다는 동료, 좋은 일을 한다고 슬쩍 흘려 말해 주는 동료, 언젠가는 한번 나가겠다고 말하는 동료, 우리 조직에 희망을 주고 있다고 격려해 주는 동료들이 바로 나의 이정표이다.

그럭저럭 살아가기

　내가 나온 학교를 초등학교라고 해야 할지 국민학교라고 해야 할지 모르겠다. 한글 프로그램에다가 이 글을 쓰려고 국민학교라고 쳤더니 컴퓨터가 알아서 초등학교로 바꿔치기해 버린다. 기계가 나보고 틀렸다고 하고 나한테 묻지도 않고 아예 글자를 바꿔 버리는 세상이 되어 버렸다니.

　하여튼 내가 다녔던 어릴 적 시골 학교 동창들은 대부분 한 동네에서 중학교까지 마쳤고, 이후는 각자 가까운 도회지로 흩어져 각자의 인생을 살아가고 있다. 초등학교 1학년 때는 그래도 세 반이었는데 한 놈 두 놈 중간에 도회지로 빠져나가더니 중학교 졸업할 때 앨범 사진 같이 찍은 친구들은 70명 정도밖에 없었다. 그중에서 절반 넘게는 여자 동창이고, 같이 축구시합을 할 친구는 30여 명 정도밖에 없었다. 물주전자 들고 다닐 몇 명만 빼고는 모두 운동장에 나와야 축구시합 한판 할 정도밖에 되지 않은 것이다. 얼마 전에 이 시골 친구 녀석 중 하나가 나에게 전화가 왔다.

　"야 신열아, 너 우리 동창들 회장 좀 다시 해라. 다른 선배나 후배들은 잘 하는데 우리는 이게 뭐냐? 회비도 좀 걷고 동창회 조직 좀 잘 좀 만들어 보자."

　뭐 이런 내용이었다. 동창생 전체 인원이라 해봐야 워낙 코딱지만 한 숫자라서 공부 좀 하는 모범생이었던 나는 중학교 때까지는 한 번도 1등을 놓쳐 본 적이 없었고, 학생회장, 연대장, 보이스카우트 대장 등 좋은 보직은 혼자 다 해먹었었다. 미안하다 친구야. 내가 생각해도 내가 너무 해먹은 것 같다. 그런데 내가 잘해서 그런 것이 아니고 공부하는 놈이 나하고 딱 한 사람만 빼고 아무도 공부를 안 했기 때문에 어쩔 수 없었다(항상 2등 하던 그 친구는 지금은 나보다 훨씬 공부를 많이 해서 박사가 되었고, 공부 못하던 친구들은 나보다 돈 더 많이 번다). 이런 이유로 이 시골 친구 녀석이 다른 선후배의 동창모임보다 훨씬 비실비실한 우리 모임을 보고 나한테 한마디 한 것이다. 나는 전화기에다 대고 이 친구에게 말했다.

"야, 명절에 시골에 가면 만날 것이고, 이제 경조사도 많을 때인데 이래저래 가끔 보면 되지 않냐? 우리 사이에 꼭 그렇게까지 해서 만날 필요가 있냐. 난 관심 없으니 알아서 해라."

내가 너무 무심했나? 그렇지 않아도 서울 생활하면서 고향에 있는 친구들과 어느 정도 거리를 두고 살아왔는데… 하지만 난 싫다. 고향 친구를 만나면서까지 무슨 예비군 훈련통지서 받고 의무적으로 가듯 하고 싶진 않다. 내가 보고 싶을 때 보고, 가끔 고향에 가서 서로 얼굴을 보는 정도면 좋다. 적어도 지금까지는.

친구에게 이런 소리를 하는 나를 정신적으로 분석해 본다면 분명히 보편적인 범위 밖에 있을 것이다. 몇 년 전 직원 연수 도중 간단히 실시한 MBTI라는 심리검사에서 나는 16가지 심리유형 중 가장 소수에 속하는 한쪽의 끝에 자리 잡고 있었던 걸로 기억한다. 그 영역이 아마 철학자유형의 영역이라고 했던가? 하여튼 같이 검사를 받은 삼사십 명 중에 같은 결과가 나온 사람은 나 이외에 딱

한 명 더 있었다. 이러한 유형으로서의 지금의 나는 조직이라는 굴레를 본능적으로 꺼리는 듯하다. 그래서 어쩔 수 없는 경우를 제외하고는 애써 어느 모임을 결성하거나 가입하는 것을 즐기지 않는다.

최근엔 MTB를 좋아하는 동료가 동호회에 들어오라고 자꾸 유혹한다. 운동을 좋아하는 사람치고 나쁜 사람은 없고, 나 또한 땀 흘리는 것을 좋아해서 MTB로 1년을 넘게 출퇴근했지만, 동호회는 들어가지 않는다. 그냥 혼자 탄다. 그리고 가끔 어디 가자고 그러면 객으로 따라붙어 다니는 정도이다. 또 누구는 비슷한 연배의 동료끼리 모임을 만들어 매달 회비를 내서 가끔 술 한잔하고 여행을 가자고도 한다. 나는 NO라고 했다. 전에 나와 같이 근무하셨던 어떤 상사 분은 항상 나에게 농담 반 섞어서 그러신다.

"어떻게 넌 선배가 살아 있는지 가끔 안부도 안 묻느냐? 나만 널 좋아하는 것 같다."

죄송합니다 선배님. 그러고 보니 내가 직장 생활하면서 그동안 만나고 헤어진 동료가 상당히 많다. 하지만 나는 모두에게 너무 무심했다. 나 스스로는 내 삶의 한 방식일 뿐인데, 나의 그러한 무심함은 보편적 사회 통념상 '너는 나를 싫어하는구나!'라고 해석될 수도 있겠다. 나와 만나고 헤어졌던 분들에게 한마디 변명하자면 마음만큼은 차가워지지 않고 같이 지냈던 그 시절의 온기를 가슴 속에 보온병처럼 담아 두고 있다는 것을 말씀드리고 싶다.

동료야 내 무심함 때문에 나를 오해하고 그들이 상처를 입는다 하더라도 어쩔 수 없지만, 내 무심함이 가장 가까운 사이의 사람들에게 더 큰 상처가 될 수 있음을 최근에야 깨달았다. 바로 가족이다. 동료는 섭섭하면 직접 얘기하고, 아니면 그쪽에서도 마음을 접으면 그만이다. 하지만 나와 한 가족으로 인연을 맺은 내 아내, 내 딸들은 그만둘 수 없는 운명이기 때문에 무심함에 대한 상처가 닫힌 공간에서의 징소리처럼 가슴에 더 크게 맺힌다. 그래서 요즘은 잘하려고 한다. 그저 잘하려는 맹목적 선언이 아니라 정말 인생의 가장 가까운 친구로서 소통하려고 한다.

하여튼 뒤늦게나마 가족을 새롭게 깨닫게 된 것은 다행이지만 나의 사회성이 정상적 범주를 벗어나 약간 균형을 잃고 기울어 있는 것은 어떻게 해석해야 하나? 나를 바꿔야 하나? 아니면 이대로 살아? 내가 사는 방식은 뭐지? 그런데 난 지금 괜찮은 거야? 나 자신에게 여러 질문을 해 보고 답도 구해 봤다. 나는 그 답을 나의 삶을 부정하는 답이 아니라 나의 삶을 긍정적으로 해석할 수 있는 타당성을 찾고자 했다. 내가 살아온 삶을 부정해 봐야 나만 손해 아닌가. 그래서 '내 삶의 방식은 무엇인가?'라는 질문에 대한 답으로 지금까지 내가 찾은 것 중에 가장 마음에 드는 긍정적 해석은 바로 '현재에 살고 있다.'라는 것이다.

지금 나에게는 두 가지 현재가 있다. 하나는 가정이고 하나는 직장이다. 이는 나만의 현재가 아니라 누구나 직면하는 가장 중요한 현재일 것이다. 그런데 과거와 이어진 현재를 사는 방법은 사람마다 조금씩 서로 다른 것 같다. 나는 지나간 과거를 애써 관리하려하지 않는다. 어릴 적 나의 삶을 나보다 더 많이 아는 친구들, 학교 다닐 때의 추억을 간직한 친구들, 자일 하나로 연결되어 생명을 지켜 주던 친구들…… 그저 흘러가는 대로 내버려 둔다. 그리고 수직의 벽을 오르는 클라이머가 현재 자신이 붙잡고 있는 손끝, 발끝에 온 신경을 집중하듯, 항상 나에게 주어진 현재의 두 가지 시스템

안에서 현재에 집중하며 살고 있다. 추억 속으로 흘러간 과거는 인연이 되면 내가 사는 현재에서 다시 만날 것이고, 그 만남은 단순한 과거와의 만남이 아니라 또 다른 모습의 현재일 것이다.

내 삶의 방식이 왜 그 모양인지 이유를 하나씩 끄집어내어 잘잘못을 따지고 어떻게 바꿔야 한다고 한들 내가 받아들일 것 같지가 않다. 나라는 존재는 내 의식으로도 어쩔 수 없이 그렇게 살아지도록 되어 있는 것 아닌가. 그럼 내가 이렇게 사는 이유는 접어 두고, '난 지금 괜찮은 거야?'라는 질문에는? 글쎄 난 '나쁘지 않다.'라고 대답하고 싶다. 아니 어떤 때는 봄바람처럼 살랑이며 내 마음을 간질이는 소소한 행복에 대해 책 한 권 쓰고 싶은 생각까지도 들 때가 있다.

하지만 보편적 삶의 방식은 나와는 조금 다른 것 같다. 같은 추억을 가진 사람들끼리 모임을 만들어 조직화하는 것을 참 좋아한다. 아니 좋아한다기보다는 그러한 일들을 당연하게 받아들이고, 누군가 그러한 조직화에 이의를 제기한다는 것 자체가 이상한 사람이 되고 마는 분위기인 것 같다. 최근 학교 동창모임의 조직화 노력은 주민센터에서 주민들을 관리하는 것보다 더 전문적이다. 어떻게 모두 다 조사했는지 기수별 졸업생들의 집 주소, 직장명 등을 상세히 기록한 동창생 명부를 두툼한 책자로 만들어 매년 보내온다. 그 책자 속에는 당연히 몇 만 원 하는 책값과 회비 납부용 지로용지가 끼어 있다. 그리고 내 휴대폰은 그 조직의 지령을 받는 단말기가 되어 버린다. 몇 회 졸업생 누군가가 결혼한다고 하고, 누군가 떡집을 개업했다고 하고, 누군가 직장을 어디로 옮겼다고 친절하게 문자메시지로 전해 온다. 글쎄 전혀 기억에도 없는 이름들이 왜 갑자기 내 인생에 뛰어들었지? 그리고 나를 둘러싼 이 조직은 나에게 선택권이 없는 운명인가?

자신을 둘러싼 사회 조직을 점검할 수 있는 가장 좋은 시기는 아마도 연말이 아닌가 싶다. 이메일로, 휴대전화 문자로, 전화로 통해 알려오는 송년회를 달력에 적다 보면 자신이 살아온 인생길이 보인다. 그 달력에 적힌 송년회 중 어느 곳을 가더라도 정기총회는 꼭 한다. 음식을 차려 놓고서는 짜인 각본대로 경과보고, 회계결산, 임원선출을 한다. 회칙에 그렇게 하게 되어 있다. 일 년에 딱 한 번 그 자리에서 보는데 정작 서로에게 그동안 어떻게 살았는지 따뜻한 말 한마디 건넬 여유는 없다. 얼마 전 아이들과 함께 밤 주우러 춘천의 한 농원을 갔더니 바로 옆에서 75세 되신 할아버지 할머니들이 음식을 차려 놓고 초등학교 동창회 정기총회를 하시는데 한 분이 일어서서 열심히 회계보고를 하고 계신다. 인간은 죽을 때까지 사회적 동물임에 틀림이 없나 보다.

행정토론회도 사회 조직의 하나이다. 그런데 좀 독특하다. 조직이라고 할 만한 최소한의 원칙도 없다. 75세 되신 분들도 어엿한 동창회 조직을 갖추고 회계보고를 하는데, 20여 회 이상을 개최해 온 토론회는 아무것도 없다. 동료가 와서 공짜로 발표하는 것이니 돈이 들 필요가 없다. 나는 매달 한 달 전쯤 동료 중에서 발표자를 섭외해서 부탁만 하면 된다. 그리고 그 발표자가 주제를 정해서 나에게 알려 주면 나는 내부 공지 시스템을 통해 토론회 개최 안내사항 몇 줄만 올린다. 그리고 근무 시간이 종료되고 나면 행사 안내문이 적힌 A4용지 한 장 들고 토론회장에 가서 문 앞에 걸어 놓고 참석자를 기다리면 된다.

나는 참석을 일부러 독려하기 위해 동료 누구에게도 억지로 오라고 하지 않는다. 참석자가 두 명이든 세 명이든 관계없다. 참석자가 적으면 발표자에게 좀 미안한 마음은 있지만, 나는 발표자에게 많은 참석자를 기대하지 않도록 미리 양해를 구해 놓는다. 나와 둘이서라도 대화를 하면 어떤가. 단 한 사람이라도 누구 체면 때문에 일부러 와 줄 필요는 없다. 사실은 동료에게 "토론회에 좀 와 주면 안 되겠니?"라고 말하고 싶다. 하지만 의식적으로 참는다. 지금은 그 잠시의 욕심을 참았던 것이 훨씬 잘한 것이라고 생각한다. 한 명만 와서 들어 줘도 고마운 일이라고 내 생각을 바꾸는 것이 더 편하다. 실제로 10명만 오면 나는 정말 행복해진다. 2008년 12월 토론회에서는 다들 연말 모임이 많을 것 같아 참석자 각자가 책 한 권씩 가져와서 서로에게 선물하자고 제안했다. 나는 책 한 권을 들고 토론회장에 갔다. 토론회 예정시간을 30분을 넘겨 딱 한 사람이 왔다. 손에 책을 들고서. 그 동료는 그날 나에게 긍정적으로 사는 법을 가르쳐 주었고, 그해 마지막 토론회를 행복하게 만들어 주었다. 나는 맨 처음의 토론회를 기억한다. 그때는 넓은 회의장의 빈 공간만큼 내 마음속이 허전했다. 하지만 지금은 전혀 그렇지 않다. 단 한 사람이 와도 내 마음을 따뜻하게 한다. 그것이 정말 내 진심인지는 모르겠지만 최소한 그렇게 생각하려고 노력한다.

내가 이렇게까지 참석자에 대해 초연하려고 하는 것은, 우선 내 스스로가 상처를 받지 않기 위해서이다. 내가 스스로 설정한 목표 때문에 나를 조일 필요가 없지 않은가. 또 다른 이유는 동료에게 부담을 주지 않기 위해서이다. 무슨 토론회인지 뭔지 하는 것은 내 생각일 뿐이고 그들에게는 의미 없는 일일수도 있다. 내 소꿉장난이 동료에게 또 다른 스트레스로 다가온다면 나는 그들에게 죄를

짓게 되는 것이다. 토론회가 그저 동료 곁에 있어도 되고 없어도 되는 일상의 하나로서 자연스럽게 자리를 잡는 것이 좋겠다는 생각이다. 다행히 토론회가 20여 회 정도 진행이 되다 보니 이제 동료가 토론회를 자신의 책상 위에 놓인 흔한 볼펜의 한 종류같이 생각해 준다. 커뮤니티에 자발적으로 들어와 주신 분도 거의 100여 명 된다.

이렇게 자연스럽게 한두 명이라도 모이면 발표자는 30여 분 정도 시간을 할애하여 발표하고, 그 주제를 중심으로 참석자들이 토론을 한다. 나는 그날의 주인공인 발표자에게 사전에 부탁하는 것이 하나 있다. 당신의 이야기를 해 달라고. 그런데 이 부분이 참 어렵다. 발표자 대부분은 자신의 이야기보다는 현재 자신이 속해 있는 부서의 이야기를 하려는 경향이 있다. 그래서 자칫하면 부서별 업무브리핑이 되기 쉽다. 이런 일들은 근무시간 외의 비공식적인 토론회가 아닌, 근무시간에 공식적인 업무로 하면 될 일이다. 나는 이 경계선을 넘어가지 않도록 하기 위해 무척이나 신경 쓴다.

토론회에서 듣고 싶은 것은 직장 내에서 고민하고 치열하게 살아가는 그 사람의 모습이다. 단순히 업무에 대해서 알고 싶다면 매뉴얼이나 다른 전문가의 의견을 듣는 것이 더 나을 수 있다. 우리는 몇 년 또는 몇십 년 동안 매일같이 일과 씨름하고 고민하면서 살아왔다. 일을 하면서 보람도 있었을 것이고 좌절도 느꼈을 것이고 앞으로 이루고 싶은 꿈도 꿀 것이다. 또 각자 다양한 업무 현장에서 다른 시각으로 보는 안목도 있을 것이다. 그래서 나는 정년을 앞둔 선배의 지나온 과거도 듣고 싶고, 언제나 정문을 지키고 계신 분의 삶의 철학도 듣고 싶고, 매일같이 학교 행사를 쫓아다니며 사진을 찍어 주시는 분의 카메라로 보는 세상이야기도 듣고 싶다. 나는 이분들을 토론회에 모시고자 몇 번 부탁했지만 아직 긍정적 답변을 듣지 못했다. 대부분은 '내가 무슨 자격이 있다고……' 하시면서 스스로 낮추신다. 하지만 그렇지 않다. 그분들은 스스로 너무 평가절하하셨다. 내 눈에는 그들 모습이 정말 아름다워 보인다.

나는 토론회를 통해 동료의 진정한 모습을 보고 싶다. 토론회는 그 만남을 위한 수단으로서의 가치를 가질 뿐 형식적 조직으로서의 의미는 전혀 없다. 오히려 나에게 거추장스러운 짐이 될 뿐이다. 행정학과 윤성식 교수의 강연이 생각난다. 21세기 초일류 기업은 사전에 이상적 프로그램을 가지고 갈 수는 없고, 일단 시작하고 조정해 가는 'muddling through((계획·묘책 없이) 그럭저럭 해냄)' 전략이 유효하다고 한다. 좀 거창하게 표현하면 행정토론회도 21세기형 기업 전략을 실천하고 있다는 얘기가 된다.

어찌 보면 아무것도 아닌 행정토론회를 두고 여러 생각을 하게 되는 것은 직장 안팎에서 조직의 공해가 생각보다 심각하다고 보기 때문이다. 직장 내의 부서뿐만 아니라 우리를 둘러싼 조직이 본질적 목적과 수단을 구분하지 못하거나 아예 목적은 사라지고 조직만 남아 있는 경우가 허다하다. 개인적 삶에 있어서나 직장에서의 조직은 우리가 입고 있는 옷과 다를 바 없다. 옷은 내 몸을 보호하고 따뜻하게 해 주기도 하고, 나를 멋지게 표현해 주기도 한다. 또 직업을 나타내는 표시이기도 하고, 그 사람의 권위를 높여 주기도 한다. 옷은 여름 해변에서는 시원한 수영복을 입고 겨울의 하얀 설원에서는 두툼한 스키복을 입어야 하듯, 때와 장소, 날씨, 목적에 따라 달리 입어야 한다. 그리고 무엇보다 옷은 내 몸에 맞아야 한다.

내 몸에 걸쳐진 조직이라는 옷을 한번 둘러보자. 겨울철에 수영복을, 여름철에 스키복을 입고 있는 것은 아닌지, 그리고 내 몸에 맞지 않은 옷을 걸치고 있지 않은지. 조직이라는 옷은 내가 주의를 기울이지 않으면 내가 무슨 옷을 걸치고 있는지 잘 보이지 않는다. 또한 사람이 그 옷을 한번 입으면 벗으려 하지 않고 심지어 사람이 조직에 몸을 맞춘다. 더욱 놀라운 것은 사람이 조직을 버리는 것이 아니라 조직이 사람을 버리기도 한다는 것이다. 이때쯤 되면 조직을 버려야 한다. 하지만 조직이라 하는 것은 플라스틱과 같아서 한번 만들어 놓으면 잘 썩지 않는다. 그래서 우리 삶에 공해가 되기도 한다. 조직은 환경에 맞게 그럭저럭 변형되어 가야 하고, 쓸모가 없어지면 자연스럽게 썩어서 거름이 되어야 한다.

나는 행정토론회가 언제든 조용히 사라질 수 있도록 준비를 한다. 최근에는 발표자가 없으면 한두 달 건너뛰기도 하면서 일부러 엇박자를 낸다. 앞으로 계속 토론회가 진행되지 않을 수도 있다. 행정토론회는 그 생명을 다하면 자연스럽게 땅에 묻혀 거름이 될 것이다.

제2장
내 책상 위의 조그마한 일

지금 내 책상 앞에 여러 일이 있다. 아직 태어나지도 않은 채 아직 머릿속에서만 성장하는 것도 있다. 눈앞의 일들이 마치 장난감처럼, 아바타처럼, 애완 강아지처럼, 자식처럼 살아갈 수 있도록 생명력을 불어넣어 주는 것은 나의 몫이다.

철책선 앞에서

2008년 11월 늦은 가을 아침, 나는 임진각 군사분계선 철책선 앞에서 개성관광단 일행의 한 사람으로 북측의 군사분계선 통과허가를 기다리고 있었다. 원래 출발하기로 예정된 오전 8시를 넘은 지가 한참인데 우리는 버스 안에서 마냥 기다려야 했다. 북측에서 허가해야 군사분계선을 넘을 수 있는데 아직 허가가 떨어지지 않았다는 현대 측 안내원이 설명이다. 운이 좋으면 바로 허가가 나오기도 하지만 어떤 경우는 몇 시간을 기다리기도 한단다.

안내원은 버스 안에서 지루하게 기다리는 우리 일행에게 북측으로부터의 허가를 받는 과정을 자세히 설명한다. 불과 몇 미터 앞의 철책선 건너에 북한군이 있지만 서해 쪽에는 남한과 북한이 서로 직접 연락할 수 있는 채널이 없단다. 오로지 동해 쪽을 통해서만 서로 연락을 할 수 있다고 하는데 연락 방식은 이렇다. 우리 쪽에서 개성관광단이 출발준비가 되면 이곳 서쪽 군사분계선에서 동해 쪽의 우리 군에게 연락하고, 동해 쪽의 우리 군은 동해 쪽의 북한군에게 연락하고, 동해 쪽의 북한군은 서해 쪽의 북한군에게 연락한다. 소식을 접한 북측은 우리 관광단에 북측에 들어와도 좋다는 허가를 내주기 위해서는 다시 거꾸로 동쪽의 북한군, 동쪽의 우리 군, 서쪽의 우리 군을 거쳐야 한다. 지금 눈앞에 마주 보고 있지만 한번 의사소통을 하려면 멀리 동해까지 거쳐야 한다.

이런 한심한 소통과정을 안내원으로부터 전해 들으면서, 도대체 희극인지 비극인지를 분간하지 못 하겠다. 고개를 돌려 뒤돌아보면 내가 신혼 때 살았던 일산이 채 30분도 안 되는 지척에 있는데, 지금 내가 버스 안에서 대기하는 이곳은 그야말로 시베리아 벌판이다. 동고서저의 우리나라 지형 특성을 한눈에 알 수 있을 정도로 그리 높지 않은 두루뭉술한 지형이 낯설지 않다. 하지만 이곳은 나무 한 그루 보이지 않고, 황토색 민둥산에 11월의 싸늘한 바람만 불고 있다. 그리고 아무런 분간이 없는 하나의 땅덩어리에 철책선으로 끝없이 금을 그어 놓았다. 이 철책선을 따라가면 동해까지 이어질 것이고, 우리 일행이 북한에 들어가는 허가를 받기 위한 연락도 이 철책선 끝까지 다녀와야 한다.

그런데 남북 간의 이런 코미디 같은 의사소통 방식이 이 철책선 앞에서만 존재하는 일은 아닌 것 같다. 조금만 낯선 시선으로 바꾸어 바라보면 나의 일상에서도 흔하게 볼 수 있는 광경이 아닐까?

지금 나와 같이 버스 안에서 기다리는 사람들은 지방에 있는 U대학교에서 주관하는 행사에 참석한 서울 소재 각 대학교의 국내 대학 학점교류 담당자들이다. 이들은 대학 간 학생 및 학점교류를 위해 서로 전화, 이메일, 공문 등을 통해 수시로 접촉하는 사이이다.

국내 대학 간 학점교류 소통방식은 어떠한가? 내가 매 학기 우리 대학교 학생을 국내의 다른 대학교에 보내는 학점교류 소통방식이, 지금 내가 서 있는 철책선 앞에서 벌어지는 일들과 별로 다를 바 없는 듯하다. A 대학교의 홍길동이라는 학생이 B 대학교에 학점교류로 수학하고 싶다면, 홍길동은 A 대학교 소속 학과에서 승인을 받고, 내부 절차를 거쳐 A 대학교의 전방 초소에 있는 학점교류 담당자 손을 거쳐 B 대학교의 전방 초소에 있는 학점교류 담당자에게 전해지고, B 대학교에서 승인을 받게 된다. 그리고 B 대학교의 승인 내용이 홍길동에게 전해지는 과정은 거꾸로의 절차를 따라가면 된다. 홍길동이 기존에 수강신청 내용을 변경하거나 취소하고자 할 경우 또한 복잡한 경로를 따라 움직인다. 가장 허망한 것은 이 복잡한 경로를 따라 수학을 허가받고, 수강 변경까지 여러 번 해 놓고 홍길동이 변심해서 수강신청을 포기하는 경우이다. 이럴 때는 그 수많은 과정에 관여한 행정은 모두 의미 없는 행위가 된다.

국내 대학의 학점교류 절차가 이래야 되는가? 이게 최선인가? 절차가 잘못된 것인가? 대학 간 보이지 않는 철책선이 문제인가?

불편함이 개선점을 찾게 만든다

2007년 7월 4일 나는 전국대학교 교무행정관리자협의회 제주도 하계 세미나에서 국내 대학 간 학점교류를 개방할 것을 제안하였다. 이 협의회는 전국대학교의 교무행정에 관한 실무자로 구성된 단체로서, 매년 방학 중 2~3일 정도 세미나를 개최하여 상호 유대 강화 및 업무정보를 공유하는 행사를 한다.

사실 나는 이날 국내 대학 간 학점교류의 문호를 개방하자고 제안하기까지 국내 학점교류 행정업무를 1년 반 정도밖에 경험하지 못했다. 하지만 1, 2학기 정규학기와 여름방학과 겨울방학에 시행되는 계절수업 등 매년 4번의 국내 학점교류 행정을 반복하다 보니 뭔가 개선할 점이 발견되었다.

우선 첫 번째 개선되어야 할 점은 행정절차상의 불편함이었다. 우리 대학교와 국내 대학 학점교류를 하는 교류대학 수는 2007년 당시에는 22개교였고 앞으로도 갈수록 늘어날 것이다(2009년에는 25개교임). 보통 10여 개 정도의 대학과 교류를 하는 다른 대학교에 비해 교류대학교가 많은 편이기도 하지만 학점교류 행정절차 자체가 상당히 번거로운 작업이었다. 우선은 교류대학교의 학생들이 우리 대학교에 학점교류를 신청하여 수강할 수 있도록 교류대학교에 안내공문을 보내고, 이들 학생의 수강신청내용을 접수하여 미리 수강신청을 해 주고, 변동사항이 있으면 일일이 처리를 해 주어야 한다. 또한 우리 대학교 학생이 타 대학교에 학점교류로 나갈 수 있도록 타 대학교에서 교류공문이 오는 대로 접수해서 인터넷에 공지하고, 학생들이 신청해서 나가고자 할 경우 일일이 교류대학교에 공문으로 신청서를 보내야 한다. 이처럼 학생들이 학점교류로 나가고(outgoing), 또 타 대학교 학생들이 본교로 들어오는(incoming) 과정의 행정절차가 상당히 복잡하게 이루어진다. 나는 이러한 학점교류 업무를 매 학기 반복하면서 어딘가 어색하고 불편한 것을 느꼈다. 단지 일이 많아서 느끼는 피곤함과 어색하고 불편해서 느끼는 피곤함은 다르다. 전자는 보람이 생기지만 후자는 짜증이 늘어난다. 내가 교류 업무를 하면 할수록 느끼는 것은 안 해도 될 것 같은 것들을 억지로 해야 하는 짜증에 가까웠다.

내 본성은, 일에 대해서는 게으름 쪽이 강하다. 특히 단순, 반복적인 업무이거나 의미 없는 일들이라고 느껴지는 일을 하고 있을 때는 더 게을러지고 싶어진다. 그러나 다행히 내 최소한의 양심은 내가 마냥 일을 회피하고 게으름을 즐기도록 하는 것을 경계하게 하는 역할을 한다. 내 안에 있는 게으름이 나에게 불필요한 행정절차에 대한 거부감을 키우고, 좀 더 편하고 합리적인 방법을 찾아 끊임없이 머리를 굴리도록 요구하는 것이다.

'이 불편함을 좀 덜어 내는 방법은 없을까?'

'지금 내가 하는 이 일들이 얼마나 의미가 있는가?'

'내가 하는 이 일의 궁극적 목적은 뭐야?'

나의 게으름은 내가 하는 일들에 대해 의구심을 가지고 되돌아보게 하였다. 그 결과 국내 대학 간 학점교류 행정에 있어서 내가 찾은 첫 번째 문제점은 바로 대학 간 행정표준이 없다는 점이다. 예를 들면 우리 대학교에서 다른 대학교로 학점교류를 하고자 할 때, 다른 대학교에서 우리 대학교의 학점교류생 명단이나 수강하고자 하는 내용을 요구하는 양식이 대학마다 다 다르다. 그래서 그 대학교의 요구사항별로 각각 행정처리를 해야 한다. 우리 대학교에서 사용하는 양식도 다른 학교와 통일된 것이 아니고 우리 필요만 생각해서 만든 양식이었다. 이처럼 대학 간에 교류하는 학점교류 정보가 표준화되어 있지 않고 제각각이니 같은 업무를 처리하면서도 학교별로 번거로운 수작업을 해야만 했던 것이다.

더욱 문제인 것은 각 대학교가 가진 학사관리시스템의 차이 때문에 수강절차가 조금씩 다르다는 것이다. 어느 대학교는 학점교류생 명단과 수강내용을 통보받아 수작업으로 처리해 주는 대학이 있지만 어느 대학교는 학점교류생 명단만 통보해 주면 학생이 직접 인터넷을 통해 수강신청을 하도록 하고 있다. 따라서 대학교별로 일일이 그 방법을 안내하고 그 절차에 따라 개별 대응을 해야 한다.

그래서 나는 게으름을 해결할 수 있는 첫 번째 임무로 국내 학점교류 행정절차에서 행정의 표준화 작업으로 삼았고, 이를 해결하기 위해 담당자협의회에서의 발표 기회를 활용하고자 한 것이다.

그러나 나는 학점교류 정보 및 행정의 표준화를 위해 절차를 다시 점검하고 개선방안을 고민하던 중, 행정절차가 불필요하게 많이 관여되고 있다는 생각이 들었다. 우리 대학교 학생이 타 대학교에 수강신청을 하고 수학하기까지는 여러 번의 절차를 거친다. 우선은 교류 공고문을 확인하고, 학생이 속한 학과장에게서 수강승인을 받고 단과대학에 제출한다. 그리고 그 내용은 본부로 모여 수학하고자 하는 대학에 공문으로 보내지게 된다. 이후 그 대학에서는 학생의 정보를 생성하고, 수강과목을 승인하게 된다. 이처럼 학생이 한 과목을 학점 교류하기 위해서는 수많은 절차가 있어야 한다. 또한 학생이 수강신청한 과목을 정정하고자 할 경우에도 마찬가지의 절차를 거쳐야 한다.

대학 간 학점교류에서는 이러한 절차를 거쳐야 하는 것이 관행이었고, 학점교류 담당자들도 대부분 이를 당연하게 여겼다. 나는 이러한 관행을 인정하는 바탕 위에서 절차를 단순히 표준화하고자 하였으나, '이러한 절차는 과연 합당한 것인가? 그리고 이러한 절차가 최선의 방법인가?' 하는 본능적 의구심을 떨쳐버릴 수가 없었다. 그래서 나 스스로 한 번 더 '왜?'라는 질문을 던졌다.

'왜 학생이 수강신청을 하는데 학생 스스로 하지 않고 행정 실무자들이 관여해야 하는가?'

이 질문은 나에게 우리나라의 대학 간 학점교류에 몇 가지 맹점이 있음을 깨닫게 해 주었다. 내가 본 맹점은 우리나라 대학교육의 폐쇄성이었다. 대학은 전통적으로 자기 대학교 학생들만을 교육대상으로 여겨 왔고, 또 그렇게 하는 것을 당연하게 받아들이고 다른 대학교 학생이나 외부인이 함께 수업을 듣는다는 것에 낯설어했다. 우리나라 대학교육은 자신의 대학 담장 안에 갇혀 있는 사회였던 것이다.

갇혀 있는 생각의 관점에서는 일단 모든 대학과의 학생교류는 단절되어 있는 것을 전제로 하고, 다른 대학교 학생들을 받아들임에 있어서도 조심스럽게 일부의 문호만 개방하고 철저히 통제 위주의 행정을 한다. 마치 우리가 금강산이나 개성관광을 가기 위한 절차를 밟는 것과 같이. 군사분계선을 넘어 통제된 사회로 들어가기 위한 절차와 내가 지금 하고 있는 국내 대학 간 교류업무절차와 다른 것은 무엇이란 말인가. 각 대학교의 학점교류 담당자의 임무가 군사분계선에서 경계활동을 벌이는 상대편 병사들이 자기 영토를 지키기 위한 것과 같이, 내 대학 캠퍼스 영역을 지키기 위해 혹시 우리 대학 담장 너머로 불순한 학생이 넘어오지 않을까 보초를 서는 역할을 수행하고 있는 것은 아닐까. 전방의 보초병이나 내가 하는 일이 너무도 같지 않은가. 나는 국내 대학 간 학점교류를 담당하면서 남북분단의 닫힌 세계에 살고 있는 현실을 실감하게 된다.

국내 대학 간 학점교류에 있어서만큼은 캠퍼스가 닫힌 세계인 것은 수치상으로 바로 증명된다. 우리 대학교는 타 대학교보다 교류대학 수가 적은 편에 속하지 않지만 2007학년도 1학기에 국내의 다른 대학교 학생이 우리 대학교로 와서 한 학기 동안 수강한 학점의 비율은 우리 대학교 전체 수강 규모의 0.36%밖에 되지 않는다. 이 정도의 수치이면 교육 쇄국정책이라 할 만하다. 각 대학이 앞다투어 교육 국제화를 외치며 경쟁적으로 해외로 학생들을 내보내는 마당에 정작 우리나라 대학 간에는 서로 문호를 굳게 닫아 두고 있었음을 자각하고 반성해야 되는 것 아닌가 싶다.

이러한 문제의식을 안고 업무를 수행하면서 이 분야에 대해서 나름대로 문제점과 개선방안을 고민해 보았다. 나의 편협한 시각을 바로잡아 주고, 나아가 국내의 대학교육에 조금이나마 도움이 될 수 있는 방향으로 논의가 진행되기 위해서는 부족한 생각이나마 정리해서 공유하는 것이 좋은 방법의 하나라고 생각했기 때문이다.

'내가 이 분야에 대한 전문가도 아니고, 행정적 관점에서 바라본 문제의식이 올바른 상황판단이라 할 수 없다. 조금의 불편함을 참으면서 주어진 상황에 익숙해지고 무난히 업무를 수행하는 것이 좋을 수도 있다. 더구나 학점교류의 업무는 우리 대학만의 문제가 아니라 국내 모든 대학과의 관계이고, 현재의 관행대로 업무를 수행해도 나를 비난할 사람은 없지 않은가? 그리고 개선을 한다고 하더라도 모든 대학이 그동안 해온 관행을 내가 혼자서 어떻게 한단 말인가?' 이러한 생각들이 나를 망설이게 하였으나 다행히 2007년 여름 전국대학교 교무행정담당자협의회 워크숍에서 나에게 발표할 기회가 주어졌다. 주제는 내 임의대로 정할 수 있었기에 나는 국내 대학 간 학점교류 문제에 대해 발제하고 내 생각을 제안하기로 했다. 보통 행정실무협의회에서는 발표주제가 해당 분야의 대학별 사례발표 위주로 진행되어 서로 벤치마킹하는 기회로 삼는 경우가 많다. 나는 행정협의회가 능동적이고 창조적인 역할을 해줄 것을 기대하였고, 그러기 위해서는 사례발표보다는 행정인들이 고민할 가치가 있고 의미가 있는 논쟁을 할 수 있는 제안이 필요하다고 생각했다. 이러한 면에서 국내 대학 학점교류의 문제는 당장 현안을 해결하기 위해서도 적절하지만, 협의회의 역할에 대해서도 생각해 볼 기회를 제공하는 의미 있는 주제라고 판단했다. 다행히 나의 제안내용은 실무자들의 많은 관심을 얻은 것 같다. 설문조사를 통해 분석한 결과, 원론적인 측면에서는 대부분 공감하면서도 실현가능성에는 반반의 의견을 나타낸 것도 상당히 고무적이다. 나머지 반은 행정인들이 이루어야 하고, 앞으로도 서로 관심을 가지고 논의를 지속해야 할 일이 있기 때문이다.

행정인의 장점은 이론과 현실이 분리되어 있지 않다는 것이다.

나의 제안은 우선 내가 추진해야 할 업무의 목표가 되었고, 다행히 우리 대학교내에서 만이라도 타당한 정책으로 받아들여지고 있다. 아울러 교류대학 및 주요대학들과도 함께 고민하면서 현실적 문제로 인식해 가고 있다. 나는 앞으로도 각 대학의 국내교류 행정 실무자들을 중심으로 한발 한발 나아갈 것이다. 실무자들이야말로 가장 정확히 실체를 파악하고, 해결방안도 찾을 수 있으며, 해결할 능력을 갖춘 적임자이기 때문이다.

나의 제안

내가 제안하는 국내 대학 간 학점교류 개선방안을 포함한 교육 개방 정책의 핵심적 내용과 이 교육개방이 대학, 학생, 사회에 미치는 긍정적 기대는 아래와 같다.

▶ 학술교류와 학점교류와의 개념 구분

대학은 상호 필요에 따라 학술교류 또는 학생 및 학점교류를 한다. 국내 대학 간 상호 교류의 관례는 대체로 학술교류협정을 포괄적으로 체결하고, 2차적으로 학생 및 학점교류를 체결하고 있다. 따라서 학술교류와 학점교류의 대학 간 협약이 자연스러운 현상으로 받아들여지고 있다. 하지만 학술교류와 학생 및 학점교류는 성격이나 목적이 상호 다르다. 학술교류는 학생의 교육적 목적보다는 학술적 필요성에 따라 상호 협력한다. 따라서 현행과 같이 대학 간 1:1 협약이나 지역 간 협력이 필요하며, 상호 필요에 따라 구체적 협력분야를 정해서 협약을 체결하게 된다.

반면에 학생 및 학점교류는 학술교류와는 달리 교육적 측면에서 접근해야 한다. 교육 수요자인 학생의 관점에서 판단해야 하며, 대학은 학생에게 최대한의 교육기회를 제공하도록 노력해야 한다. 중요한 점은 국내 대학 간 학생 및 학점교류가 반드시 상호 협약에 의하여 교류를 하여야 하는 것은 아니라는 것이다. 현행 대부분의 국내 대학들은 '상호 교류'라는 측면이 강조되어 관례적으로 상호 협약에 의하여 학점교류를 하고 있다. 하지만 학생 및 학점교류는 상대방 대학교와 협약에 의하지 않고도 어느 한 대학의 독립적 정책으로 수행할 수 있다. 이는 학생 및 학점교류가 가지는 특성이나 교육적 목적에 있어서도 타당한 것이며, 현행 고등교육법이나 학칙에도 위배되지 않는다. 일례로 국내 몇몇 대학에서 실시하는 국제하계대학은 학점교류 협약을 맺은 대학에 한정하지 않고 모든 대학생에게 수학 자격을 주고 있으며, 이들 학생들이 국제하계대학을 이수하고 자신의 소속 대학에서 학점으로 인정받는 것은 각 소속 대학의 정책에 달렸다. 또한 국내의 많은 대학이 비록 학점교류 협약을 맺지 않았지만 해외의 대학에서 이수한 성적을 학점으로 인정해 주고 있다. 이처럼 국내 대학들은 서로 간에는 교육시장의 문을 닫아 놓고, 외국대학들에는 관대하고 개방적인 면을 보여 온 것이다.

국내 대학 간 학생 및 학점교류는 상호 대학 간에 1:1로 협약하여 시행해야 할 정책이 아니고, 대학들의 독립적 정책사항임을 인식하여야 한다. 학점교류를 반드시 상호 1:1 협약에 의하여야 한다는 것은 불합리한 관행의 산물이며, 이러한 관행이 교육 경쟁력을 약화시키는 원인일 수도 있다. 따라서 아래의 관점을 되새겨봐야 할 것이다.

- 학술교류협약은 학생 및 학점교류와 다르다.
- 교육(학생 및 학점교류)은 교류가 아니고 개방의 개념이다.
- 교육의 개방은 대학교 자체의 정책결정사항이다.

▶ 교육개방 제안

교육개방을 위한 첫 번째 제안은 국내 대학들이 상호 동일한 학제의 모든 대학들에게 교육시장을 개방하자는 것이다. 개방의 범위와 자격에 대해서는 모든 대학이 독자적으로 결정하며, 최대한 개방적, 긍정적 방향으로 추진하기를 희망한다. 이는 대학 간 합의가 필요하거나 동시에 시행할 필요는 없다. 어느 대학이든지 다른 대학의 시행 여부에 관계없이 독자적으로 결정할 문제이다.

교육개방을 위한 두 번째 제안은 수강료를 수익자 부담 원칙으로 하자는 것이다. 현행 국내 학점교류는 상호 협약에 의하여 교류 인원 및 학점의 불균형에도 불구하고 상호 면제를 해주고 있으나 교류의 활성화를 위해서는 바람직하지 않다. 대학 간 교류에 있어서 수강료 면제 협약이 어느 한 대학의 교육비 부담 증가나 이득을 위한 것이 아니라면(실제로 이러한 목적으로 학점교류 협약을 하는 경우는 없음) 수강료는 수익자 부담의 합리적 경제원칙이 지켜져야 한다. 위의 두 가지 제안은 앞서 언급한 바와 같이 대학 간 협약의 대상이 아니며, 각 대학의 독자적 정책사항임을 상기해야 한다. 예를 들어 어느 한 대학교에서 다음 학기부터 타 대학교 학생들에게 강의실을 개방할 수 있으며, 수강료도 대학별로 정해서 받을 수 있다. 이는 전혀 파격적인 정책 제안이 아니며, 앞에서도 예로 든 국제하계대학과 같이 이미 시행되고 있는 정책이다. 다만 그동안 국내 대학들이 지금까지의 학점교류 관행에 익숙해져 있어 이를 벗어나기가 어려울 뿐이다.

본 제안을 대학이 받아들인다면 대학별로 선택할 수 있는 정책들은 다양하다. 우선 타 대학교에서 오는 학생들(incoming)에게 다양한 교육정책들을 제공할 수 있다. 예를 들면 타 대학교의 이수학점, 성적 등으로 자격기준을 제한할 수도 있고, 아예 제한하지 않는 정책을 펼 수도 있다. 또한 개방의 범위를 일정한 지역으로 제한할 수도 있을 것이다. 그리고 수강료 정책도 다양하게 제시할 수 있다. 얼마로 받을 것인가, 학생으로부터 직접 받을 것인가, 아니면 학생의 소속 대학으로부터 받을 것인가, 어떻게 받을 것인가 등 대학의 사정에 따라 여러 정책을 시행할 수 있을 것이다.

소속 대학 학생들이 타 대학에서 교과목을 이수하고자 할 경우(outgoing)의 정책도 다양하다. 타 대학에서 수학하는 것을 학생 자율적으로 이수할 수 있도록 허용할 것인가, 아니면 자격조건을 제한할 것인가는 대학의 내부 사정에 따라 달라질 것이다. 또한 수학 대학의 수강료와 학교의 등록금 정책을 연결하여 여러 정책을 구사할 수 있다. 소속대학에 등록금을 내고, 수학대학에는 본인이 부담하도록 하고 이수 결과에 따라 소속대학에서 갚아 주거나 그렇지 않을 수도 있다.

이처럼 본 제안은 대학이 구체적이고 다양한 방법들을 통하여 국내 대학 간 교육의 교류에 대응할 수 있다. 이러한 정책들은 교육의 개방이 상위권 대학으로의 쏠림현상과 그렇지 못한 대학의 빈곤이 심화될 것이라는 일부의 우려를 충분히 극복할 수 있을 것이다. 결국 본 제안에서 제시하는 교육의 개방은 무조건적이고 획일적인 개방이 아니고, 대학별로 여건에 맞는 최적의 정책을 구사할 수 있는 방법을 통하여 국내 대학 간에 상생할 수 있음은 물론 국내 교육 경쟁력을 상당히 높일 수 있는 계기를 마련할 것이다.

▶ 교육개방의 긍정적 예상(대학)

위에서 제안한 교육개방은 각 대학 및 우리나라 교육의 경쟁력을 높이고 합리화하는 데 도움이 될 것이다. 대학이 국내 대학 간에 교육에 관해 상호 문턱을 낮추고 자율과 경쟁의 기회를 좀 더 제공함으로써 예상되는 수많은 긍정적 기대에도 불구하고, 폐쇄적 교육시장을 유지하고자 하는 중요한 원인은 무엇인지 진정으로 고민해 봐야 한다. 우리 대학들이 교육의 공급자 입장에서 수요자(학생, 기업, 사회)가 요구하거나 필요하지 않은 제품을 강매하는 것은 아닌지, 그리고 그러한 교육시장이 우리나라 대학시장을 폐쇄적으로 가두어 놓고 있지 않은지를 말이다. 교육개방을 통해 예상되는 긍정적 기대는 여러 측면으로 예측할 수 있지만 주요 사항들을 예로 들면 다음과 같다.

첫째, 교육(강의)의 경쟁력을 높일 수 있을 것이다. 현재 환경에서의 학생들은 대부분 소속 대학, 학과에서 제공하는 과목을 이수해야 하는 것으로 생각한다. 하지만 교육의 개방은 학생들이 경제학원론이라는 과목을 수강하고자 할 때 모든 국내 대학의 경제학원론 과목을 검색해서 선택할 수 있게 된다. 이러한 변화는 가르치는 교수에게 큰 영향을 미친다. 학생들의 교과목 선택권이 학교 밖으로까지 확대되면 국내의 동일한 교과목을 담당하는 교수는 교내에서만의 경쟁력이 아닌 우리나라 전체에서의 경쟁력을 가져야 할 것이다. 또한 가르치는 대상이 소속 대학교 또는 학과의 학생들만이 아니라 국내의 모든 대학생임을 염두에 두어야 하고, 가르치는 전략도 바뀌어야 할 것이다.

둘째, 교육을 대학별로 특성화시킬 수 있을 것이다. 교육의 개방으로 대학별 교육 경쟁력을 파악할 수 있게 되고, 각 대학은 이를 바탕으로 교육을 특성화시키는 전략을 구사할 것이다. 정부는 연구 분야의 특성화를 위해 많은 정책을 시행해 왔다. 마찬가지로 교육 분야는 대학 간의 개방을 통한 경쟁으로 특성화가 자연스럽게 이루어질 수 있는 기반을 마련하는 것이 바람직하다.

셋째, 수요자 중심 교육을 강화할 수 있을 것이다. 교육 분야에서의 경쟁력 강화, 교육 특성화 촉진의 방향은 공급자(대학, 교수) 위주에서 학생, 기업, 사회 등 교육수요자에게 좀 더 귀를 기울이는 방향으로 진행될 것이다.

넷째, 대학교육재정의 효율성을 높일 수 있을 것이다. 교육개방으로 말미암아 경쟁력이 약한 대학의 교육재정은 더욱 악화될 것이라는 우려가 많이 있다. 그리고 이러한 생각이 대학 간 담장을 높이려는 또 하나의 이유가 되고 있다. 하지만 나는 이러한 우려에 대해 동의하지 않는다. 교육 경쟁력이 약한 대학은 오히려 교육의 특성화를 시키는 것이 더 유리할 수 있으며, 다른 대학과의 교육 협력을 통해 교육비용을 줄이고 경쟁력을 강화하는 정책을 시행하는 것이 훨씬 타당하다. 국내 대학의 교육 폐쇄성은 모든 대학이 교육 경쟁력 여부에 상관없이 백화점식으로 전(全) 학문분야를 갖추고 있어야 하는 구조적 문제점을 낳았다. 교육 경쟁력이 약한 대학일수록 오히려 과감한 개방을 통해 상호 협력 보완함으로써 교육재정의 취약성을 극복해야 한다. 특히 지방대학은 학생들의 수가 감소하는 현실 속에서 기존의 백화점식 교육구조를 그대로 가지고 있는 것은 공룡과 같은 운명을 예고하는 것이나 다름없다.

다섯째, 학문발전에 긍정적 영향을 미칠 것이다. 한편에서는 인문학의 위기를 말하고, 또 다른 한편에서는 이공계 기피현상으로 말미암은 위기를 역설한다. 이러한 학문의 위기에 대해 각 대학은 상호 공동대처가 필요하며, 상호 교육의 개방을 통해 일부 문제를 해결할 수도 있을 것이다. 많은 대학이 인문학 교육을 유지하기가 점점 더 어려워지고 있다. 다전공 또는 무전공제도를 통해 전공 선택권이 넓어짐으로써 인문학을 외면하는 추세가 가속화되고, 인문학을 배우는 학생들이 줄어듦으로써 대학 안에서 강의 개설조차도 어려워지는 현상이 발생되고 있다. 이러한 현실에서 각 대학은 교육개방을 적극적으로 활용하여 대학 간 교육과정 자체를 공동운영하는 방안도 고려할 수 있을 것이다. 개방을 통한 규모의 경제를 이루어야 한다.

▶ 교육개방의 긍정적 예상(학생)

교육의 개방이 학생들에게는 어떠한 결과로 나타날까? 서로의 입장에 따라 일부 부정적 결과를 우려하는 측면도 있지만 나는 다음과 같은 긍정적 기대가 훨씬 더 클 것으로 기대한다.

첫째, 교육기회의 확대이다. 학생들은 교육의 기회를 폭넓게 제공 받을 수 있을 것이다. 국내 대학들은 지리적으로 밀집해 있어 학생들이 대학 간을 이동하면서 수업할 수 있는 매우 유리한 조건을 갖추고 있다. 실제로 현행 국내 대학 간 학생 및 학점교류에 있어서 지리적 이점을 이용한 교류가 가장 많다. 한 학기 동안 소속 대학교와 교류대학교 두 대학을 이동하면서 양 대학교의 교과목을 동시에 수강할 수 있다. 우리 대학교의 경우 학생들이 이러한 형식의 교류를 주로 하고 있다.

둘째, 대학 서열화를 완화하고, 실력 위주로 평가받는 계기가 될 것이다. 학생들은 일단 대학에 입학하면 자신의 능력이나 경쟁력보다는 서열화된 대학의 영향력을 더 받는다. 누구는 그 대학이 가지고 있는 기득권의 혜택을 누리고, 누구는 대학 때문에 자신의 능력을 저평가 받고 있다. 이처럼 개인의 능력이나 경쟁력보다는 대학 서열을 우선시하는 현상을 완화하기 위해서는 대학의 순혈주의를 극복해야 한다. 대학교육이 전인교육의 장이라고 한다면 우리 대학들이 적극적으로 포용적인 정책을 수용해야 한다. 특히 대학들이 학생들을 글로벌 인재로 키우고자 한다면, 우선 국내 대학 간에 자존심만으로 담장을 높일 것이 아니라 서로 다른 대학의 학생들이 함께 캠퍼스를 누비는 것을 허용해야 한다. 교육의 개방은 학생들이 대학서열화의 벽을 넘어 어느 정도 진짜 실력으로 경쟁할 수 있는 계기를 마련해 줄 것으로 기대된다.

셋째, 학생 간 경쟁력 강화로 교육수준이 전체적으로 상승될 것으로 기대된다. 교육의 개방은 우선 강의실 풍경을 바꿔 놓을 것이다. 같은 대학, 학과, 학년의 동료 학생들로만 채워진 강의실은 활기가 없을 뿐 아니라 경쟁력이 약할 수밖에 없다. 최근 국내 모든 대학이 일제히 국제화를 외치며 강의실에 외국 학생들의 비율을 높이기 위해 한창이다. 그러나 정작 국내 다른 대학생들의 비율을 높이는 데는 전혀 신경 쓰지 않는다. 강의실에 국내 다른 대학생들의 비율을 높이는 문제도 국제화와 같은 수준에서 논의되어야 한다. 한 캠퍼스에서 국내외의 다른 학교 학생들이 섞여서 서로 자극을 받도록 해야 한다. 이는 학생뿐만 아니라 가르치는 교수에게도 긍정적 영향을 미친다. 이러한 강의실의 변화는 학생들이 국내 대학 전체 학생들과 경쟁하는 환경을 만들고, 더불어 국내 대학생들 전체의 교육 경쟁력을 높일 것이다.

우리 대학교에서는 2007년부터 성적증명서에 담당교수의 실명을 기재하는 '교육실명제'를 실시하고 있다. 아울러 다른 대학에서 이수한 과정에 대해서는 그 대학명과 성적을 그대로 표기하고 있다. 학생들이 대학 졸업장으로만 평가받는 것보다 교육과정에 대한 상세한 기록을 성적증명서에 표기하여 무엇을 어떻게 이수했는지 알 수 있도록 함으로써 실력을 쌓도록 하는 데 도움이 되도록 하기 위함이다. 교육의 개방은 학생들이 자기 대학에서 안주하지 않고 얼마든지 교육받을 기회를 갖고 정당한 평가를 받도록 하게 될 것이다. 이는 대학입시로 인생에서 단판 승부를 봐야 하는 부작용을 어느 정도 없앨 수 있을 것이다.

▶ 교육개방의 긍정적 예상(사회)

교육의 개방은 국내 대학 학생들을 대상으로 일차적으로 개방되어야 한다. 이후 개방의 범위를 좀 더 넓히는 정책도 펼 수 있을 것이다. 교육개방을 통한 사회에 미치는 긍정적인 측면은 아래와 같이 예상할 수 있다.

첫째, 졸업생에게 재교육의 기회를 제공할 수 있을 것이다.

둘째, 학점 인정제를 통한 학위취득의 여러 정책을 현행보다 훨씬 다양하게 시행할 수 있을 것이다.

셋째, 일반사회인에게 학위에 상관없이 대학에서 관심 있는 분야를 수강할 기회를 제공할 수 있을 것이다. 대학은 교육개방을 통해 사회에 대한 교육적 봉사를 수행할 기회를 확대할 수 있게 되고, 실질적인 수요자 중심 교육에 한발 더 다가갈 수 있을 것이다.

시간이 흐르고 학교 내부에서 나의 제안이 긍정적으로 논의되고 있을 즈음에, 교내신문에 교수님 한 분이 쓴 칼럼 하나가 눈에 들어왔다. 내 제안과 전혀 상관없는 것이지만 마치 나를 응원하기 위해 쓰신 글 같아 옮겨 본다.

'고딩' 행복프로젝트 : 공동학위제
고대신문 [1587호] 2008년 05월 12일(월)

탁류세평 kunews@kunews.ac.kr
(글 : 명순구/법과대학 교수 · 법학과)

이 나라의 황야와 같은 교육현실에 내던져진 고등학생의 모습은 참담하기까지 하다. 우리는 익숙할지 모르나 다른 나라와 비교할 때 한국의 교육현실은 고등학생들에게 비인간을 강요하는 정도이다. 교육기본법 제2조는 '홍익인간', '인격도야', '인간다운 삶', '인류공영'과 같은 개념으로 교육이념을 규정하고 있다.

그런데 과연 누가 고등학생들에게 이 교육이념을 당당하게 말할 수 있을까? 교육이념이 한낱 장식으로 전락한 지 오래이다. 지금 이 나라의 고등학생은 그런 환경에서 공부를 한다. 그들에게 "너는 왜 공부를 하지?"라고 묻는다면 무슨 답이 돌아올까? 좀 영악한 사람은 수사를 동원하여 교묘하게 말을 지어낼 것이지만, 진솔한 사람은 "좋은 대학 가려고요!"라고 고백할 것이다.

그렇다. 솔직하게 말해서 우리나라 고등학생의 꿈은 좋은 대학에 가는 것이다. 그의 부모는 자식의 이런 희망을 굴절 없이 수용하여 엄청난 사교육비를 기꺼이 부담한다. 할 수만 있다면 어느 부모가 돈을 아끼겠는가?

그렇게 들어가는 비용을 모두 합치면 GDP의 4%에 이른다고 한다. 그 비용이 크면 클수록 학생들은 학원·과외에 내몰리는 시간이 길어지고 행복지수는 내려간다. 그들의 행복지수가 내려갈수록 미래 사회는 팍팍해질 수밖에 없다.

고등학생을 이 절망의 구덩이에서 구해 낼 수 있는 방법은 없을까? 이것이 사회문제로 대두될 때마다 교육행정당국이 말하는 구체적인 해결책은 다소 다른 모습으로 나타난다. 그러나 기본방향은 거기서 거기이다. 공교육을 정상화시켜 사교육의 비중을 낮추겠다는 것이 그것이다. 그런데 지금까지 어떤 정권도 고등학생에게 행복의 실마리를 주지 못했다. 이와 같은 결과는 문제 해결의 방안이 '공교육 정상화' 이상이어야 함을 말해 주는 것이다. 그것이 무엇일까? 문제의 근본 원인은 두 가지로 요약된다. 하나는 눈에 차는 좋은 대학이 적다는 것이고, 둘은 일단 어느 대학에 입학을 하면 평생 그 대학의 꼬리표만을 달아야 한다는 것이다. 좋은 대학에 들어가는 것이 인생의 성공을 예약하는 셈이 된다. 인생의 성패가 이렇게 고등학교 때에 결정되다 보니 고등학생으로서는 오직 대학에 올인을 할 수밖에……고등학생의 마음속에 고매하고 우아한 이상을 향한 치열한 투쟁은 자리하기 어렵다. 이런 환경에서는 공부만 잘하는 깍쟁이가 양산될 가능성이 높다.

근본적인 해결책은 좋은 대학이 대폭 늘어나는 것인데 이는 긴 시간을 요하는 일이다. 당장 추진할 수 있는 사업으로 '대학 간 공동학위제'를 생각해 본다. 이 제도는 대강 이런 것이다. 어떤 학생이 어느 한 대학에 입학을 하지만 공동학위제에 참여하는 다른 대학에서 자유롭게 수강을 할 수 있고, 학위증에도 참여대학의 이름을 함께 기재하는 것이다. 자기가 입학한 학교보다 다른 학교에서 더 많이 수강할 수도 있다.

그리고 성적증명서에는 그 학생이 수강한 교과목의 교수명도 함께 기재한다. 입학한 대학이 그대로 운명의 굴레가 되는 답답함에서 벗어날 수 있는 길이다. 이 제도가 실행·정착되기 위해서는 법적·제도적으로 상당한 비용이 수반될 것이다. 그러나 이 제도의 성공이 가져다줄 과실에 비하면 그까짓 비용은 아무것도 아니다.

이 땅의 고딩들이 평화로운 환경에서 우아하게 학교생활을 할 수 있다면 그것은 곧 미래의 희망이다. 소위 '공교육 정상화'의 해법은 대학교육제도의 개선에서 찾을 일이다.

선물을 건네다

　2008년 4월 어느 날, 교육과정과 관련한 위원회 회의가 있었다. 나는 이날 회의에서 국내학점교류 개선방안을 집중적으로 논의하기 위해 다른 안건은 상정하지 않았다. 그리고 그동안 내가 추진해 왔던 국내학점교류 개선방안을 종합하여 30분 정도 설명하고 관련 자료를 제시했다. 이 기회는 내가 학교 내부에 나의 뜻을 정식으로 전하는 첫 번째 자리이고, 30분이라는 시간은 내가 학교 내부자를 이해시키기 위해 그동안 설명한 시간 중 가장 긴 시간이었을 것이다. 지난해 여름 처음 기획을 한 이후 지금까지 학교 내부자 누구에게도 진지하게 설득하거나 함께 논의하지를 못했던 것이다. 기껏해야 내부 회의시간에 한 줄 안건으로 올라가서 잠시 1, 2분 정도의 설명이 고작이었다.

　그동안 학교는 무슨 중요한 일이 있었을까? 내부의 목소리를 듣는 일에 단 몇 분의 시간밖에 할애하지 못할 만큼 바빴을까? 아니다. 학교는 그동안 어느 일상적 시간과 다름이 없었다. 문제는 시간이 아니라 행정조직과 구조의 문제에서 비롯된 결과이다. 내가 제시하는 국내 대학 학점교류 개선안은 좋은 방안인지 그렇지 않은 방안인지 알 수 없다. 또한 교육적 가치 측면에서 작은 것인지 큰 것인지 아직 모른다. 하지만 분명한 것은 실무자가 의견을 제시했을 때 행정조직에서 의미 있는 구조적 진행이 부족했다는 것이다. 이날 위원회에서 발표하기까지 나는 전국행정협의회에서, 또 대학교육협의회의 직원 연수에 강사로 가서 내 제안을 발표했었다. 그리고 지난 1월에는 주요 대학 담당자들을 학교에 초청해서 개선안을 설득하고 협조를 당부했다. 물론 이러한 진행과정에는 교무처장이 내 개선안에 대한 어느 정도의 동의가 있었기에 가능한 것이었다. 하지만 깨어 있는 행정조직이라면 내부에서 내 제안에 대한 검증절차가 좀 더 일찍 진행되었어야 한다.

위원회에서 발표를 들은 교무처장은 내가 발표하는 동안 가슴이 뛰었다고 했다. 그뿐만 아니라 참석했던 위원들도 모두 내 제안에 대해 상당히 긍정적인 평가를 해 주었고, 교육적 측면에서도 상당한 가치가 있다고 의견을 모았다. 나의 외로운 주장이 이제 우리 대학교의 정책으로 받아들여질 계기를 마련한 것이다. 나는 이날 만큼은 더는 외롭지 않았다. 내 제안을 귀담아들어 주고, 더구나 가슴이 두근거릴 정도의 공감을 얻는 기쁨은 지금까지의 모든 것을 보상하고도 남는다. 내가 행정토론회를 진행하면서 가장 중요하게 생각하는 가치는 경청과 공감이다. 동료의 진솔한 발표를 마음으로 들어 주고 공감해 주는 경험 그 자체만으로도 서로 많은 것을 얻는 것이다. 이날 내가 받은 가장 큰 선물은 바로 경청과 공감이었다.

나는 2008년 7월의 행정토론회에 강신주 박사를 초청한 적이 있다. 책의 저자로서 그로부터 소통에 관해 좋은 얘기를 듣고 싶었기 때문이다. 동료 직원이 아닌 외부 인사를 초청한 것은 이례적이었다. 토론회에 참석한 우리는 그가 쓴 장자에 관한 철학책을 하나씩 손에 들고 있었다. 현실에 찌들어 기억에도 가물가물한 그 철학공부라니. 하지만 강 박사는 '소통의 논리 — 사랑 그리고 선물'이라는 제목의 5장으로 된 편지를 들고 왔고, 타자(他者)와의 소통에 대해 철학이 아닌 일상 언어로 얘기했다. 그가 우리에게 전해 준 편지의 마지막 내용은 이렇다.

> 왜 선물이라고 생각하는 우리의 의식에도 불구하고, 우리의 무의식적인 삶은 뇌물, 즉 교환관계에 빠져 있는 것일까요? 그것은 우리가 고독을 잊고 있기 때문입니다. 물론 이 말은 우리가 타자를 진정으로 사랑하고 있지 않다는 것을 의미하지요. 사랑해야만 비로소 참된 고독이 찾아오기 때문입니다. 역으로 말해서 우리가 교환관계에 빠져 있다는 것은, 우리에게 진정한 타자가 없다는 것을 의미합니다. 사실 나와 타자와의 관계란 마치 피조물과 절대적 신과의 관계와도 유사한 것입니다. 나는 그가 무엇을 원하고 또 무엇을 생각하는지 모릅니다. 이런 고독 속에서 나는 두려움과 기대로 점철된 마음으로 나의 정성이 담긴 선물을 보냅니다. 물론 그가 이것을 받아들이지 않을 수 있다는 것 역시 잘 알고 있습니다. 그것은 전적으로 상대의 선택이니까요. 만약 그가 나의 선물을 받아 준다면, 그것은 내게 하나의 기적이자 축복으로 다가오는 사건이 됩니다. 이 경우 우리는 어떤 "상호 관계, 반환, 교환, 대응 선물, 부채 의식"도 기대하지 않았습니다. 그저 그가 나의 선물을 받아 주었다는 사실만으로 행복하기 때문이지요.

이날 위원회에서 내가 학교에 준 것은 뇌물일 수도 선물일 수도 있다. 아직 결과가 나타나지 않은 일이고, 내가 이 일을 진행하면서 나에게 '참된 고독'이 찾아왔다고 자신 있게 말할 수 없기 때문이다. 다만 한 가지 확실한 것은 학교가 나의 제안을 받아들이겠다는 신호만으로도 나는 행복하다는 사실이다. 또 그 이전에 타자(他者)가 '무엇을 원하고 또 무엇을 생각하는지' 모르지만 '이런 고독 속에서 나는 두려움과 기대로 점철된 마음으로 나의 정성이 담긴 선물'을 준비해야 한다는 전제조건이 필요하다는 것이다. 그러고 나서 '타자(他者)가 받아들이는 것은 전적으로 상대의 선택이다.'

나의 일에서 조직의 일로

　나의 제안이 위원회에서 긍정적으로 받아들여진 이후, 학교는 위원회 위원 교수 한 분을 연구책임자로 정하여 태스크포스팀을 만들고, 교육개방 정책을 공식적으로 논의하였다. 나는 이 팀에서 공동연구원으로 참여했다. 이제 내가 뒤로 물러서야 할 때이고, 나의 일에서 조직의 일로 바뀌는 전환점인 것이다. 이 전환점을 기점으로 행정 실무자는 보통 연구책임자가 아닌 실무 협력자로 자리를 전환해야 한다. 이러한 자리매김은 연구의 안정감을 높일 수 있을 뿐 아니라 대학 행정이 교육이라는 전문 분야를 다루는 특성상 바람직한 측면이 있다. 하지만 대학 행정 직원 스스로 자신의 역할 한계선을 그어 놓은 것일 수 있다. 나는 많은 대학 행정 직원들이 한계선을 느끼고, 가끔은 그 한계선을 뛰어넘어 성공했으면 한다. 그 한계선 너머에는 사실상 누구도 관리하고 있지 않은 불모지일 가능성이 있다. 스스로 포기한 자리에 행정조직 밖의 교수들이 그 역할을 대신해 주고 있는 일은 없는지 살펴봤으면 한다.

　또 하나 일의 진행 과정에서 중요하게 살펴야 하는 것이 전환점이다. 전환점 이후부터는 나의 생각이 아닌 조직의 생각이 되고 이는 공적 영역에 해당한다. 따라서 전환점 이후는 내 생각보다 조직의 생각을 우선해야 하고, 양자의 생각이 다르다면 당연히 조직의 의견을 따라야 한다. 지적 재산권의 개념으로 보면 소유권은 조직에 있고 나는 발명자의 권리를 갖는다. 여기에서 소유권자와 발명자 간의 지분에 관한 사항은 내부에서 정할 사항이다.

반면, 전환점 이전은 사적 영역에 해당하고, 지적 재산권에 대한 권리는 발명자가 소유권을 함께 가지고 있다고 봐야 한다. 조직이나 개인은 이 점을 잘 분간해야 한다. 특히 조직은 전환점 이전의 사적 영역에서 조직 구성원들이 최대한 창조적 생각을 할 수 있는 환경을 조성해야 한다. 조직에서 구성원들이 스스로 창조적 생각을 생산해 내지 않고, 전환점 이후의 공적 영역에서 수동적으로 순응하고자 하는 조직은 미래가 없다.

하지만 창조적 생각들은 눈에 보이지 않으며, 사적인 영역에서 공적인 영역으로 넘어가는 시점이 어느 때인지도 알기가 어렵다. 분명한 것은 똑똑하고 역동적인 조직일수록 창조적 생각을 볼 줄 알고, 공과 사를 구분해서 보상하는 시스템을 잘 갖추었다는 것이다. 반면 안 되는 조직은 이 기술이 부족하기 때문에 창조적 생각보다는 구성원의 실수만 관리하려 한다. 그러한 조직은 구성원이 실수하지 않고 책임질 일만 하지 않으면 충분히 살아갈 만하다.

대학 행정도 창조적 생각을 관리하는 기술이 필요하다. 그러기 위해서는 대학 행정도 창조적 생각이 필요하다는 원칙적 이해를 넘어서 조직 구성원들의 구체적인 경험이 자주 쌓여야 한다. 특히 행정과 정보기술(IT)이 융합되어 IT행정의 특성으로 변화된 현재의 환경에서는 더욱 중요하다.

나는 90년대 중반부터 2000년까지 입학 업무를 담당하는 부서에서 근무했다. 당시 우리나라 대학입학제도는 전형의 다양화, 복수

지원, 인터넷 원서접수 등으로 변화하는 과정에 있었고, 나는 이러한 경험을 바탕으로 '복수지원제상의 합격자 확정을 위한 일괄처리 방법 및 장치'를 고안하여 특허를 획득한 바 있고, 현재 이 특허는 대학 소유권으로 되어 있다. 나는 이 특허 자체에 대한 기술적, 실용적 가치를 논하고자 예로 든 것이 아니다. 우리가 일상적으로 수행하는 일반적인 행정절차라고 여겨지는 것들을 새로운 관점에서 다시 볼 필요가 있고, 자산으로서 인정받을 충분한 가치가 있음을 증명하고 싶을 따름이다.

단순히 수동적으로 행해지는 행정절차가 아니라, 여기에 자신만의 창조적 생각을 더해서 구체적인 자산으로 발전시키는 경험들이 많아져야 한다. 내 경험에 비추어도 대학에서 지켜야 할 행정자산은 깊은 산속 가을 밤나무 아래에 떨어져 있는 밤처럼 흔하다.

내부의 결실을 맺다

2008년 초여름의 어느 날, 나는 총장님 집무실로 불려 들어갔다. 교무처장이 교육개방 정책을 최종 승인을 받기 위해서 총장에게 설명하는 자리인데 실무자로서 교무처장과 같이 동석한 것이다. 그 동안 학교는 교육개방 정책에 대해 연구팀을 만들어 내부 검증을 거쳤고, 부총장까지 이미 동의한 상황이었다. 이제 최종 승인만을 남겨 둔 마지막 절차였고, 이날 교무처장의 확신에 찬 설명에 총장님은 흔쾌히 승인해 주셨다. 드디어 내부의 결실을 본 것이다.

2008년 9월 우리 대학교는 다음과 같이 대외에 선언하고 보도자료를 냈다.

고려대학교의 국내 대학 간 교육개방과 협력 정책

본교는 대한민국을 선도해온 대표적인 사학으로서 자교중심의 소극적인 대학 간 경쟁 관계를 넘어서 국내 대학 간 적극적인 교육개방과 협력을 통해 모든 대학이 서로 상생하는 관계로 전환하고자 한다. 또한 교육을 통한 사회봉사를 실현함은 물론 국내 학문분야별로 세계적인 경쟁력을 확보하고자 한다. 이에 국내 대학 간 교육개방과 협력을 위해 아래와 같은 정책을 마련하여 시행하고자 한다.

1. 본교는 국내 모든 대학(전국 4년제 국·공·사립대학) 학생들에게 본교 학부과정의 모든 강의를 2009학년도 1학기부터 아래와 같이 개방한다.

    ① 정규학기에 개설되는 강좌는 강좌별 수강정원의 최소 5% 이상을 개방하며, 수강료는 무료로 한다.

    ② 계절수업에 개설되는 강좌의 수강료는 본교 학생과 동일하게 부과한다.

2. 본교는 우리 학생이 국내 모든 대학(전국 4년제 국·공·사립대학)에서 수학하는 것을 허용한다.

---

3. 본교는 국내 대학 간 교육과정 공동운영, 공동학위제 등의 교육 협력을 적극적으로 추진하며, 국내 대학 간 학문적 경쟁관계를 넘어서 국가 단위의 교육 동반자 관계로 전환하여 세계적 수준의 학문분야를 육성하도록 노력한다.
4. 본교는 대학의 사회봉사 실현 및 수요자 중심 교육 강화를 위해 교육을 사회에 개방하도록 노력한다.

우리 대학교의 교육개방과 협력정책에 대한 보도 내용은 다음과 같다.

[자료 1] 2008 - 09 - 18 동아일보 2면 기사

고려대, 전국 대학생에 강의 무료개방

내년부터 학기당 8,000여 명에 기회

고려대가 내년부터 학부 강의를 전국 모든 4년제 대학생들에게 무료로 공개한다. 고려대는 내년 1학기부터 학부 강의 수강 정원의 5% 이상을 다른 대학 학생들에게 공개해 고려대생과 똑같이 수업을 듣고 시험도 볼 수 있게 하기로 했다고 17일 밝혔다. 고려대는 기초적인 어학이나 교양강좌 등 다른 대학 학생들이 들을 필요가 없다고 판단되는 강의를 제외한 모든 강의를 공개할 계획이다. 특히 고려대만의 특색 있는 프로그램이나 전공심화 과정 중 내용이 우수한 강의는 적극적으로 공개할 방침이다.

고려대의 한 학기 과목별 총 수강인원이 16만~17만 명인 점을 감안하면 학기당 다른 대학 학생 8,000여 명(1인 1과목 기준)에게 강의를 들을 기회가 주어지는 셈이다. 수강료는 정규 학기의 경우 모두 무료이며 계절학기 강좌는 고려대생과 동일한 수강료를 받을 방침이다. 수강을 원하는

학생은 고려대 수강신청 기간에 학교 홈페이지에 접속해서 원하는 강좌를 신청하면 된다. 신청 학생이 많을 경우 선착순으로 배정한다.

현재 고려대와 학점교류 협정을 맺고 있는 22개 대학은 협정에 따라 고려대에서 딴 학점을 인정할 것으로 보인다. 또 고려대는 본교 학생이 다른 대학에서 강의를 듣는 문화도 장려하기 위해 다른 대학 수강 학점을 인정하기 위한 기준 등을 만들기로 했다.

남기춘 교무처장은 "고려대의 교육 역량을 사회에 기부하자는 뜻에서 강의 개방에 앞장서기로 했다."며 "다른 대학도 동참해서 많은 학생이 각 대학의 장점을 골고루 누릴 수 있는 길이 열리기를 기대한다."고 말했다.

김희균 기자 *foryou@donga.com*

[자료 2] 2008 – 09 – 19 동아일보 [횡설수설/정성회] 고려대 강의 개방

| 횡설수설 |

미국 로스앤젤레스 근교 클레어몬트는 '나무와 박사의 도시'로 불린다.

까닭은 도시 전체가 아름다운 나무로 가득 차 있는 데다 주민 1만 명 이상이 석사 또는 박사학위 소지자이기 때문이다. 석박사 공급처는 이곳의 클레어몬트대. 이 대학은 미국 유일의 컨소시엄 대학으로 퍼모나, 매케나, 하비머드, 피처와 여자대학인 스크립스 등 5개의 리버럴 아츠 칼리지, 그리고 클레어몬트 및 케크 등 2개의 대학원이 한 캠퍼스를 쓰고 있다.

▷'서부의 예일'로 불리는 퍼모나나 명문 공과대인 하비머드를 비롯한 소규모 칼리지들이 컨소시엄을 형성할 수 있었던 것은 '강의 개방' 덕분이다. 7개의 칼리지가 옹기종기 모여 있기 때문에 학생들은 다른 대학에서 얼마든지 원하는 강의를 들을 수 있다. 예컨대 하비머드는 이공계 대학이지만 학생들은 학점의 3분의 1을 다른 대학에서 딴다. 학생들은 다양한 강의를 선택할 수 있고, 대학들은 교수 채용 비용을 줄일 수 있다.

▷우리도 이와 비슷한 제도로 학점교류협정이 있다. 협정을 체결한 대학끼리 상대 학교에서 들은 강의를 학점으로 인정해주는 제도다. 문제는 우리 대학들과 외국 대학들과의 학점교류

고려대 강의 개방

는 어학 능력이나 유학 경험 습득 차원에서 인기가 있지만 우리 대학들끼리의 학점교류는 학교 간 서열의식과 자존심 때문에 유명무실하다는 것. 이화여대가 숙명여대와 학점교류협정을 맺었을 때 이화여대 학생들이 총장에게 항의 e메일을 보냈다는 일화는 유명하다. 고려대도 22개 대학과 학점교류협정을 맺었지만 지금까지 한 차례라도 교류가 있었던 대학은 15개에 불과하다.

▷고려대가 한국 대학으로 처음으로 강의를 개방한다고 한다. 내년 1학기부터 학부 수강 정원의 5%인 약 8000명의 타(他)대 학생에게 어떤 과목이든 강의를 받을 수 있도록 한다는 것이다. 수강을 원하는 타대 학생들은 고려대생들과 똑같이 수강신청을 하면 된다. 계절학기가 아닌 정규학기 중에는 수업료도 받지 않는다고 한다. 고려대의 이런 결정은 자신들의 교육역량에 대한 자신감과 자부심의 발로일 것이다. '지식의 노블레스 오블리주'라고 할 만한 고려대의 강의 개방 실험이 어떤 결실을 거둘지 주목된다.

정성회 논설위원 *shchung@donga.com*

미국 로스앤젤레스 근교 클레어몬트는 '나무와 박사의 도시'로 불린다. 까닭은 도시 전체가 아름다운 나무로 가득 차 있는데다 주민 1만 명 이상이 석사 또는 박사학위 소지자이기 때문이다. 석·박사 공급처는 이곳의 클레어몬트대. 이 대학은 미국 유일의 컨소시엄 대학으로 퍼모나, 매케나, 하비머드, 피처와 여자대학인 스크립스 등 5개의 리버럴 아츠 칼리지, 그리고 클레어몬트 및 케크 등 2개의 대학원이 한 캠퍼스를 쓰고 있다.

▷ '서부의 예일'로 불리는 퍼모나 명문 공과대인 하비머드를 비롯한 소규모 칼리지들이 컨소시엄을 형성할 수 있었던 것은 '강의 개방' 덕분이다. 7개의 칼리지가 옹기종기 모여 있기 때문에 학생들은 다른 대학에서 얼마든지 원하는 강의를 들을 수 있다. 예컨대 하비머드는 이공계 대학이지만 학생들은 학점의 3분의 1을 다른 대학에서 딴다. 학생들은 다양한 강의를 선택할 수 있고, 대학들은 교수 채용 비용을 줄일 수 있다.

▷ 우리도 이와 비슷한 제도로 학점교류협정이 있다. 협정을 체결한 대학끼리 상대 학교에서 들은 강의를 학점으로 인정해 주는 제도다. 문제는 우리 대학들과 외국 대학들과의 학점교류는 어학 능력이나 유학 경험 습득 차원에서 인기가 있지만 우리 대학들끼리의 학점교류는 학교 간 서열의식과 자존심 때문에 유명무실하다는 것. 이화여대가 숙명여대와 학점교류협정을 맺었을 때 이화여대 학생들이 총장에게 항의 e메일을 보냈다는 일화는 유명하다. 고려대도 22개 대학과 학점교류협정을 맺었지만 지금까지 한 차례라도 교류가 있었던 대학은 15개에 불과하다.

▷ 고려대가 한국 대학으론 처음으로 강의를 개방한다고 한다. 내년 1학기부터 학부 수강 정원의 5%인 약 8,000명의 타(他)대 학생에게 어떤 과목이든 강의를 받을 수 있도록 한다는 것이다. 수강을 원하는 타 대학 학생들은 고려대생들과 똑같이 수강신청을 하면 된다. 계절학기가 아닌 정규학기 중에는 수업료도 받지 않는다고 한다. 고려대의 이런 결정은 자신들의 교육역량에 대한 자신감과 자부심의 발로일 것이다. '지식의 노블레스 오블리주'라고 할 만한 고려대의 강의 개방 실험이 어떤 결실을 거둘지 주목된다.

정성희 논설위원 shchung@donga.com

1년 후의 성과

2008년 10월 1일, 대학교육협의회 산하 고등교육연수원에서 주관하는 직원 연수에서 지난해와 마찬가지로 나에게 교육사례를 발표할 기회가 주어졌는데 나는 가슴 뿌듯한 마음으로 교육개방 사례를 발표했다. 1년 전에 내가 다짐하고 실현해 보이고 싶었던 약속에 대해 소득을 가지고 당당하게 말할 수 있다는 것이 나를 뿌듯하게 했고, 나는 또다시 이제 시작임을 선언하고 내년에는 좀 더 진전된 결과를 가지고 올 것임을 약속하면서 강의 원고의 마지막 내용을 다음과 같이 마무리했다.

"대학에서의 행정이란 무엇인가요?"
"대학 교육행정을 담당하는 실무자로서의 역할은 무엇인가요?"
대학에서 어느 한 교수의 교육 또는 연구 분야 역량은 대학 전체 교원 수(n) 중의 1만큼 대학에 기여할 것입니다. 물론 그 교육이나 연구가 사회적으로는 큰 변화를 줄 수도 있겠지만 대학 자체에 기여하는 이론적 수치는 그렇습니다. 반면, 대학 행정은 어느 한 교수의 역량만을 높이는 것이 아니라 전체 교수의 역량을 올리는 구실을 합니다. 천 명의 교수를 보유한 한 대학교에서 전체 교수 연구 역량을 1%씩 높이는 행정정책은 교수 1명의 1% 역량 증대 노력보다도 1,000배의 효과가 있을 수 있습니다. 이와 같은 계산은 상당한 논리적 비약이 있지만 행정 정책의 역할이 크다는 점은 부인할 수 없습니다. 국내 대학 간 강의개방 정책이 고려대의 모든 교원의 강의 경쟁력을 1%씩 상승시키는 효과를 발휘한다면 분명히 개별 교수가 자신의 강의 경쟁력을 1% 높이는 것보다 훨씬 중요할 것입니다.

행정의 결실은 교육과 연구를 통해 나타나고, 눈으로 볼 수 없는 광범위한 파장을 형성합니다. 그래서 그 결실을 가늠하고 중요성을 제대로 인식하는 것은 매우 어렵습니다. 따라서 대학 행정에 대한 올바른 이해가 선행되어야 할 것입니다.

대학의 존재 이유는 교육과 연구, 사회봉사에 있습니다. 대학의 존재 이유와 대학 행정의 존재 이유, 역할을 명확히 인식하는 것이 중요할 것 같습니다. 특히 교육 행정 분야는 더욱 그렇습니다. 자칫하면 행정이 교육의 본질적 분야로 발을 디디게 되어 양자를 혼동할 가능성이 큽니다. 반대로 행정이 교육에 접근하는 방법을 찾지 못해 행정의 역할을 제대로 수행하지 못하는 일도 있습니다. 교육 행정에 있어서 교육자의 역할과 행정인의 역할을 구분해 내는 것이 무엇보다도 중요할 것입니다.

하나의 교과목은 교수가 책임지지만 교육 행정가는 대학교육을 책임져야 합니다. 최소한의 교육은 교수와 학생, 그리고 분필 한 자루만 있어도 될 것입니다. 행정의 뒷받침 없이 전쟁 중에도 이루어지는 것이 교육입니다. 대학교육에 있어서 행정의 존재 이유를 발견하는 것이 중요합니다. 그렇지 않으면 전쟁 중의 교육과 다를 바 없습니다.

고려대의 교육개방 정책은 아직 진행 중입니다. 대학 자체 내의 세부규정과 시스템을 만들어야 합니다. 그리고 대학 간 새로운 규범체계를 만들고 우리나라 대학을 하나의 교육 동반자로 만들어야 합니다. 고려대의 강의개방은 지금 진화하는 과정에 있고, 대학 행정인들이 함께 만들어 나가야 할 교육행정정책인 것입니다.

업무 문제로 고민하는 동료에게 저는 다음과 같이 답장을 보낸 적이 있습니다.

"～제가 찾은 것 중의 하나는 권위의 실체는 없다는 것입니다. 지금 내가 하는 일의 권위는 나에게 있고 내가 아닌 다른 곳에서 찾으려고 하는 것은 잘못된 것이 아닌가 합니다. 그래서 저는 제가 맡은 일에 대해 내가 꿈꾸는 대로 내가 결정하고 나아가려고 합니다. 실체도 없는 막연한 권위에 의지하려는 마음을 버리려고 노력합니다. 제가 어제 선생님에게 한 가지 질문을 드렸습니다. 선생님이 가지고 계시는 이상적인 형태는 무엇인지.

저는 선생님이 가지고 계시는 이상을 이루고자 하신다면 이루어질 것으로 확신합니다. 물론 멍청한 행정구조와 실체 없는 권위구조가 일을 어렵게 할 것입니다. 그러나 선생님이 나침반이 되어 주시면 일은 이루어질 것입니다.～"

백 번의 우연(偶然)한 마주침

　나는 국내 대학 간 학점교류 정책이 대학 행정에 있어서 가장 중요하다거나 내 생각을 관철하기 위해 장황하게 설명을 하고 있는 것이 아니다. 오히려 학점교류 정책은 대학 행정의 아주 조그마한 정책이고, 내 생각이 한쪽으로 너무 많이 치우쳐 있을 가능성이 크다. 그럼에도 불구하고 내 책상 위에 펼쳐진 많은 일 중에서 그 하나를 끄집어내어 넋두리하는 것은 몇 가지 이유가 있다. 첫째는 우리가 매일 일상적으로 하는 대학 행정업무 중의 하나를 자세히 살펴보고 싶었다. 그 일상적인 것을 통해 다른 것들도 마찬가지 관점으로 바라볼 수 있기 때문이다. 그래서 내가 지금 하고 있는, 특별하지 않은 일 중에서 하나 골랐다. 또한 내 일이기에 내 시각으로 각색해서 쓴 것일 뿐이다. 그런 의도에서 본다면 국내 대학 간 교육개방 정책에 대한 내 주장은 이야기 속의 조연에 해당한다. 하나의 일을 통해 보고자 하는 것은 그 일이 커 가는 과정에서 보고 느끼게 되는 대학 행정이라는 실체와 그 속에서 살아가는 우리 모습이다. 바로 대학 행정과 그것을 업으로 하는 사람들이 이 이야기의 주인공이다.

　국내 대학 간 교육개방 정책을 넋두리의 주제로 삼은 두 번째 이유는 이 정책이 앞으로 또 다른 우연을 만나 성장하기를 바라기 때문이다. 지금까지 교육개방 정책의 모든 것은 우연한 만남으로 여기까지 이어져 왔다. 이 일이 나를 만난 것도 우연이었고, 우리 대학교에서 총장이 허락하기까지 내가 모신 몇 분의 교무처장을 비롯한 많은 분들이 이 일을 버리지 않는 우연이 있었기에 가능했다. 내가 처음 이 일을 만났을 때의 생각과 지금의 결과가 다르다. 이 일과 관련된 수많은 시스템과 그 속의 사람들을 우연히 하나하나 부딪히면서 변형을 거쳐 지금의 결과로 이어진 것이다. 하나의 정책이라고 하는 것이 처음부터 완벽한 몸매를 가지고 태어나는 것은 아니다. 미숙한 생각이지만 버리지 않고 수많은 좋은 우연들이 스쳐 가도록 하면 앞으로 훌륭한 정책으로 변신할지도 모를 일이다.

지금까지는 교육개방 정책이 좋은 모습으로 다듬어지고 있는 것 같다. 하지만 겨우 어느 한 대학에서의 성과일 뿐이다. 이제 세상 밖으로 나와 다른 대학과의 우연한 부딪힘들을 기다려야 한다. 더욱이 교육개방이라 하는 것은 말 그대로 손바닥을 마주쳐야 하는 정책이다. 한쪽은 개방했다고 하는데 상대방이 문을 걸어 잠그면 아무 소용이 없다. 실제로 우리 대학교에서 교육개방을 선언한 이후, 기존의 교류 대학 이외의 학생은 단 한 명도 오지 않았다. 상대방 대학교에서 보내 주지 않기 때문이다. 결국 우리 대학교는 대문을 열었다고 하지만 닫혀 있는 것이나 마찬가지이다. 그래서 지금의 교육개방 정책은 아직 상징성밖에 없다. 교육개방 정책은 이제 한 대학의 울타리를 벗어나 새로운 만남을 통해 많은 변신을 거듭하는 여정을 거칠 것이다. 하지만 우리 대학교 캠퍼스 안에서만큼 내가 곁에서 있을 수는 없는 일이다. 이제 좀 더 큰 손들, 예를 들면 대학 협의체나 교육과학기술부 등의 보살핌이 필요하다. 물론

이 과정에서도 내가 도움이 된다면 도울 것이다.

2009년 가을, 정부는 교육 경쟁력을 강화하기 위해 산하의 자문위원회를 통해 학생, 교수, 기업체로부터 교육문제에 대해 쓴 소리를 듣겠다고 차례대로 포럼을 개최한 적이 있다. 나는 이 포럼이 열릴 때마다 방청석 뒷자리에 앉아 있었다. 안타깝게도 이 포럼에서 지적되는 문제는 날카롭거나 폭넓지 못했고, 일반적인 불평이 재생산되는 수준이었다. 더욱 안쓰러운 것은 누가 누구에게 말하는 것인지 모르겠다는 것이다. 참석자들은 모두 자신들은 주인이 아닌 손님이고, 뭔가 보이지 않는 실체인 대학을 향해 서로 불만을 토로하는 형상이었다. 나는 그 모든 불만이 나에게 하는 소리로 들렸다. 모두 내가 하는 일이고, 내가 하는 일을 개선하면 대학교육과 연구 경쟁력이 높아지겠구나, 내가 너무 안이하고 게을렀나 하는 생각마저 들었다. 하지만 그것은 나 혼자만의 생각인 것 같다. 아무도 대학 행정에서 답을 찾으려 하지 않는다.

대학 행정은 보이지 않는 벽처럼, 발을 딛고 있는 땅처럼, 매 순간 숨을 쉬는 공기와 같은 환경으로 존재한다. 그리고 대학 행정이라는 환경은 자칫하면 그 속에 교육과 연구를 보이지 않는 벽으로 가두어 버린다. 심지어는 그 조직 구성원들조차도 의식하지 못하는 사이에 거대한 구조 속으로 종속시켜 버리기도 한다. 연구와 교육 경쟁력을 논하고자 한다면, 그 자체만 바라보기 보다는 대학 행정이라는 환경도 함께 살펴야 한다. 그 속에 누구나 찾고자 하는 많은 해법이 있을 수 있다. 실제로 대학 행정 중의 자그마한 국내 대학 학점교류 업무 하나만 가지고서도 국가 교육 경쟁력을 얘기할 수 있지 않은가. 물론 대학 행정은 대학에서 본질적 요소는 아니다.

다만 대학의 본질적 요소인 교육과 연구 경쟁력을 높이려는 방편으로 행정이 훌륭한 도구가 될 수 있다. 나는 이 조그마한 일이 훌륭한 도구로 쓰일 수 있도록 여러 우연을 만나 성장해 갔으면 좋겠다.

내가 4년 전 처음 이 일을 만났을 때 22개의 다른 대학교와 교류하고 있었다. 이 22개 대학교의 교류담당자 중에서 내 관리 명단에서 지금까지 한 번도 바뀌지 않은 이름은 단 두 명뿐이다. 나는 이들 두 명이 궁금하다. 그 대학교에서 일을 잘해서 학점교류담당 업무를 오래하고 계신지, 아니면 갈 데가 없어서 계신지. 다른 대학교는 계절만 되면 담당자가 바뀌었다는 인사 메일이다. 내가 이 일을 하게 된 4년 동안 다른 대학 22개 대학 담당자 변경 추이를 살펴보니, 한 대학에서 평균 3.8명의 담당자와 새로 인사를 해야 했다. 평균 1년에 한 번 정도씩 교체된 것이다. 심지어 아주 유명한 어느 대학교는 담당자가 학기마다 교체되어 4년 동안 9번이나 담당자 명단을 바꾸어야 했으며, 이제 3학기째 교류를 하는 어느 대학교는 벌써 6번째 바뀌었으니 새로운 신기록을 경신할 날도 얼마 남지 않은 것 같다. 이 정도면 사람이 정책이나 규정을 관리하는 것이 아니라 사람이 이러한 것들에 의해 관리되고 있다고 봐야 한다. 아무리 작은 일이라도 세 번은 겪어야 어느 정도 보인다 할 수 있는데, 세 번은커녕 한두 번의 실전경험이 보통이니 말이다. 사실 지금 내 업무 중에서 가장 중요한 것은 교육과정의 관리이다. 4년 동안 지켜보고 배우고 있지만 아직도 무엇이 옳고 어떻게 판단해야 할지 망설이는 일들이 허다하다.

조직에서는 흔히 매뉴얼을 많이 강조한다. 매뉴얼을 잘 갖추고 있으면 사람이 바뀌어도 충분히 대처할 수 있다. 일이 잘 돌아가기 위한 대책으로 결국 매뉴얼 작업을 하고, 외부 컨설팅 회사의 자문을 받아서 무슨 반도체나 건축물의 설계도 같은 관계도를 그려 놓기도 한다. 그런데 실전에서 매뉴얼이나 이런 업무 관계도를 찾아가면서 일을 하는 경우는 매우 제한적이고, 그러한 도움을 받아야 하는 일들이라 하는 것들은 대부분 고정적이고 살아 있지 않은 것들이다. 요리 매뉴얼 하나를 던져 주고 좋은 음식을 기다리는 사람은 없다. 하지만 조직에서는 누구나 매뉴얼 하나를 주고 훌륭한 업무 결과를 기대한다. 음식 하나에도 주인의 손끝에서 나오는 관록과 정성이 필요하듯이 일이라 하는 것도 마찬가지이다. 조직에서 주인 없이 떠도는 일들은 부모 없는 아이나 다름이 없고, 매뉴얼로만으로도 관리될 수 있다는 것은 자식을 슬하에서 키우시는 것이나 부모 없이 보육시설에서 키우는 것이나 차이가 없다는 주장과 같다.

언젠가 내가 어느 대학교 담당자에게 '꼭 우리 대학교에서 먼저 교육을 개방하겠다'고 했더니 그가 내게 이렇게 반문했다.

"그런 정책을 유 과장님이 결정할 수 있어요? 더구나 다른 대학도 설득해야 하는데 가능하겠어요?"

거기에 나는 농담 반 섞어서 단언적으로 대답했다.

"할 수 있습니다."

물론 나에게는 정책을 결정할 아무런 힘도 없다. 그리고 교육개방 정책을 위해서 거쳐야 하는 의사결정 단계만 해도 최소한 서너 단계는 된다. 그 모두가 'OK'라고 할 때만이 이 일은 성사된다. 더구나 내가 이해를 구해야 할 대상이 자주 바뀐다. 내 안의 생각을 세상에 꺼낸 이후 팀장도 바뀌었고, 교무처장도 몇 번 바뀌었고, 총장도 바뀌었다. 다른 대학교 담당자들은 채 말을 꺼낼 여유도 없이 매 학기 바뀐다.

이러한 상황에서 내가 할 수 있는 것이라고는 그 일이 살아갈 수 있도록 생명력을 불어넣어 주고 곁에서 돌보아 주는 것밖에 없다. 그리고 나는 해와 달과 지구가 일직선상에 서기를 기다리는 것과 같은 여러 가지 행운이 겹치기를 바랄 뿐이다. 내가 가진 의사결정 권한의 크기가 중요한 것이 아니라, 행정조직 내에서 주인 없이 방황하는 그 일의 주인이 되어 과거와 현재를 이어 주면 그 일은 세상에서 우연한 행운을 만나 스스로 성장해 갈 것이다. 다행히 나는 다른 대학교 담당자들보다 조금 더 그 일과 함께하고 있다. 나의 역할은 그것이 전부이다.

제2부

덩치 큰 바보 이야기

제3장
대학 행정의 풍경

함께 대학 행정으로의 여행을 떠나 보자. 때로는 비행기를 타고, 때로는 헬리콥터를 타고, 때로는 자전거를 타고, 때로는 걸어서. 그리고 가끔은 시간을 멈추고 앉아서 바라보자.

덩치 크고 힘센 바보와의 만남

조직생명체는 IQ 80 정도의 저능아 정도가 아닐까. 의사결정에 있어서도 조직생명체의 의사결정속도는 개인의 의사결정속도보다도 훨씬 늦다. 또한 개인보다도 훨씬 많은 시간과 복잡한 과정을 거쳐 결정된 의사결정이라 하는 것도 대부분 개인의 직관에 의한 판단보다 못한 결정을 하는 경우가 훨씬 많다. 그래서 개인은 조직체의 결정사항에 의아해하고 항상 조직체에 문제를 제기한다. 조직생명체는 덩치 크고 힘이 세다는 것 말고는 지능이 좀 떨어지는 바보인 것은 틀림없어 보인다.

하지만 조직 속에 속한 개인은 조직체의 IQ가 개인 능력보다 우수하다는 가정에서 행동한다. 그래서 개인의 능력과 판단이 조직체와 갈등을 일으키면 대부분 개인을 희생하고 조직체의 결정방향으로 자신의 생각을 바꾸고, 또 이를 정당화한다. 물론 조직체의 일원으로서 당연히 조직의 의사결정에 따라야 하지만 맹목적이어서는 곤란하다. 바보를 천재로 착각해서는 안 되는 것이다.

사람들로 구성된 행정조직체와 달리 과학적 사실들로 구성된 집합체는 특정한 분야에서는 사람보다 훨씬 낫다. 예를 들면 컴퓨터와 같은 것이다. 일부 과학적 집합체가 개인의 능력을 뛰어넘는 현상은 개인을 왜소하게 만든 측면이 있다. 하지만 행정조직체에게서 과학적 집합체에서와 같은 능력을 발휘할 것을 기대해서는 안 된다. 사람 간의 조직생명체가 생각하고 행동하는 모습은 여전히 바보 수준이고, 앞으로도 그러할 것이다.

대학 행정조직체 또한 IQ 80 수준의 바보임을 명심하자. 조직생명체에 대한 정확한 인식을 하고 있어야만 내가 대학 행정에 무엇을 기대해야 하는지 또 무엇을 할 수 있는지 파악할 수 있다. 대학 행정조직이 나보다 막연히 나을 것이란 기대와 판단은 나의 능력을 위축시키고 판단력을 흐리게 할 수 있다. 하지만 자신의 직무판단과 직관력을 믿지 못하고 조직생명체에 의지하려는 경향은 마치 어린아이에게 모든 의사판단을 맡기는 것과 같다.

행정 조직이 '덩치 크고 힘센 바보'인 것을 인식하려면 내가 속한 조직이 하나의 객체로 보일 만큼 멀리 떨어져서 실체가 보일 때까지 직시하자. 그러면 좀 미련스러워 보이는 큰 덩치가 보일 것이다. 우리는 매일 행정조직 속에서, 그것도 칸막이로 막아서 서로 잘 보이지 않는 미로 같은 상자 속에서 일하고 있다. 그래서 이 '덩치 크고 힘센 바보'를 인식하기가 더욱 어렵다. 가끔은 행정조직에서 나를 떼어 내서 다음의 질문을 던져 보자.

'나는 행정조직의 실체를 느끼고 있는가?'

'나와 행정조직의 관계는 무엇인가?'

'대학에서 행정조직의 역할은 무엇인가?'

'대학에서 나의 역할은 무엇인가?'

행정조직이 '덩치 크고 힘센 바보' 조직이라는 증거나 특징들은 너무 쉽게 찾을 수 있다. 반대로 그렇지 않다는 증거는 찾아보기 어렵다. 일상업무에서 느끼는 행정조직에 대한 바보스러운 증상들은 이러한 것들이다.

¤ 일의 결과보다 일의 절차를 우선시한다.

¤ 상황보다도 규정을 우선시한다.

¤ 문서를 만들고 결재하는 데 더 많은 시간이 소요된다.

¤ 바보 같은 일을 계속 반복한다.

¤ 뻔한 일도 개선되지 않는다.

¤. 1분이면 결정할 수 있는 일도 일주일 걸린다.

¤ 일의 결과가 개인의 기대치에 미치지 못한다.

¤ 외부시스템을 활용하면 훨씬 효율적으로 잘 돌아간다.

¤ 대화가 안 된다.

¤ 급소가 잘 안 보인다.

¤ 머리(뇌)가 어디에 있는지 잘 파악되지 않는다.

¤ 변화에 둔감하다.

¤ ……

위에서 열거한 특징은 일반적 행정조직에서 어렵지 않게 발견될 수 있는 것으로, 그것이 꼭 잘못된 현상이라고 단정하기는 어렵다. 이러한 특징이 지니는 장점도 많을 수 있다. 문제의 핵심은 행정조직의 특성을 정확히 이해하고 자신이 이를 적절히 활용하는 것이 바람직하다. 하지만 행정조직이 바보임을 나타내는 많은 증거가 있음에도 우리는 행정조직을 바보처럼 대하지 않는다. 오히려 그 바보에 동화되거나 종속되는 경향을 나타낸다. 그 종속 현상들은 다음과 같다.

¤. 바보의 뇌에 나를 맞춘다

나를 행정조직의 지능 수준으로 낮추어 간다. 또한 나의 의사결정에 두려움을 느낀다. 그리고 행정조직의 의사결정에 의지하는 경향이 강하고, 내가 옳다고 판단되는 것도 포기한다.

¤ 바보의 속도에 나를 맞춘다

우리는 조직이 바보인 것은 모르고 일이 뜻대로 되지 않을 때는 화를 낸다. 그리고 시간이 흐를수록 무의식적으로 행정조직의 바보 속도에 자신을 맞춰 가는 경향이 있다.

'행정을 한다'는 것은 조직 내에서 주어진 기능을 수행한다고 할 수 있다. 하지만 이러한 조직 내의 기능적 역할을 넘어서 좀 더 적극적인 의미를 찾을 필요가 있다. '행정을 한다'는 것의 적극적 의미는 행정조직 자체를 활용하여 목표한 바를 이루어 내는 과정, 즉 창조적 과정이라는 것이다.

행정인의 역할이 조직 내에서 하나의 기능적 역할만으로 한정된다면 조직은 유능한 직원보다는 부속품처럼 정확한 업무수행능력을 갖춘 직원이면 충분할 것이다. 하지만 행정을 한다는 것은 조직을 활용한 창조적 과정으로 이해되어야 한다. 창조적 행정인이 되기 위한 몇 가지 방법들을 생각해 보자.

¤ 나에 대한 확신을 가져라

조직 속에서의 개인은 의사결정에 두려움과 외로움을 느낄 수밖에 없다. 따라서 개인은 스스로의 판단을 포기하고 행정조직의 의사결정에 의지하는 경향이 강하다. 행정조직체의 올바른 인식을 통하여 나에 대한 확신을 가지자. 그래서 그 조직체에 속한 행정 실무자로서의 자신의 이성적 판단력과 직관력에 소신껏 뚝심 있게 매진하자.

¤ 행정조직에 대한 환상에서 깨어나라

행정조직은 바보이다. 하지만 우리는 행정조직에 대한 환상을 가지고 있다. 조직의 깊은 곳에 심오한 뜻이 숨겨져 있고, 그 심오한 뜻이 조직을 움직이며 올바른 길을 제시해 줄 것이라고 생각하는 것은 착각이다. 그러한 환상은 개인의 판단력과 직관력을 마비시킨다. 환상에서 깨어나자. 심오한 그 무엇은 존재하지 않으며 오로지 나의 이성적 판단이 필요함을 깨닫자. 당신이 바로 심오한 그곳 자체이다.

¤ 행정조직을 필요에 따라 신속히 변화시켜라

행정조직은 사람의 조직이다. 조직을 경직시키고 변화를 두려워하는 것은 행정 실체의 인식 부족 때문이다. 두려움은 행정조직의 정확한 실체 인식을 통해서 극복할 수 있다. 행정조직은 안주하고 기거할 집이 아니라 목표를 이루기 위한 하나의 도구이며, 필요에 따라 다양한 모습으로 변화해야 한다. 그 변화의 기준은 현실이고, 현실에 신속히 대응하는 행정조직이 가장 효율적 행정조직이다. 조직이 현실에 귀를 기울이지 않고 막연한 두려움으로 변화를 거부한다면 그 조직은 이미 시대에 뒤처져 있을 가능성이 크다.

¤ 조직 속의 역할에 70%, 행정조직의 활용에 30%를 투자하라

행정조직은 조직의 목표를 위한 도구이다. 그리고 구성원은 행정조직 생명체의 구성요소임과 동시에 행정조직이라는 로봇을 이용하는 주인이다. 따라서 구성원이 행정조직 속에 100% 묻혀 있으면 안 된다. 조직 속의 역할에 70%만 투자하라. 그 70%는 대부분 규범화된 업무범주일 것이다. 그리고 30%는 행정조직의 창조적 활용에 초점을 맞추어야 한다. 자신의 능력을 행정조직 내의 한 구성요소로 활용하는 차원을 넘어, 행정조직 자체를 활용하는 것이다. 이는 창조적 영역에 해당하고, 창조적 영역은 구성원의 노력에 따라 무한히 넓어진다. 그리고 진정한 실력은 이곳에서 발휘된다.

¤ 행정시스템을 효율적으로 활용하자

업무를 수행함에 있어 행정시스템으로 해야 할 것과 개인의 역량으로 수행해야 할 것을 구분하고, 적절히 조화를 이루도록 해야 한다. 개인의 모든 판단과 직관력을 접고 행정시스템에만 의존하는 것은 모든 것을 기계에 의존 하려는 것과 같다.

행정조직은 '덩치 크고 힘센 바보'이고, 우리는 그 바보 구조 속에 있다. 따라서 우리가 깨어 있지 못하면 '바보'보다도 못한 진짜 바보가 된다. 행정조직의 효율적 활용은 결국 사람의 몫이다. 대학 행정조직의 올바른 인식을 통해 거대한 행정조직 속에서 위축되거나 숨어 있지 않고 자신의 이성적 판단과 직관력에 자신감을 가지고 바보조직을 좀 더 똑똑하게 만들어야 한다. 그것이 진짜 행정가이다.

대학 행정과 학문의 구분

　대학 행정이 어려운 이유 중의 하나는 행정과 학문의 영역을 구분하기 어렵기 때문이다. 이러한 행정과 학문의 모호함으로 인해 대학 행정 실무자들은 어색한 장소에 있어야 하거나 어울리지 않는 일을 해야 할 때가 있다. 행정 실무자들은 교육(또는 연구) 관련 심포지엄 등에 참석해서 귀동냥해야 하기도 하고, 총장이나 보직자들에게 교육에 관한 대외 발표 자료를 제공해 주어야 한다. 또한 가끔 언론매체로부터 학교의 교육정책에 대해 설명을 해야 하는 대변인이 되기도 하고, 국내외 다른 대학교 교수나 직원이 벤치마킹을 오면 대학을 대표해서 이들을 상대해야 한다. 이곳에서는 학문과 행정을 구분하지 못하는 질문이 많고 대화가 어긋나기 일쑤이다.

　이러한 행정과 학문이 뒤섞여 있는 현장에 서 있는 행정 실무자는 자신도 모르는 사이에 자신이 학문적 영역의 중심에까지 나아가 있음을 알게 되고 이 상황이 갑자기 낯설어 보일 때, 열심히 설거지하다가 갑자기 앞치마 입고 파티장에 온 기분이 들기도 한다.

　대학 내부의 교육정책에서도 행정과 학문이 뒤섞여 있다. 한 가지 예를 통해 보자. 총장이 학생들의 통섭 교육을 위해 교양과정에 명심보감을 교양필수로 정하고자 하는 '통섭교육 정책'을 반영하도록 지시했다고 하자. 이 통섭교육 정책에 대해 행정적으로 어떻게 접근해야 하는가. 행정과 학문의 관점에서 정책결정과정을 좀 더 세밀히 살펴보자.

① 총장은 통섭교육 정책을 제시하고, 실행 방안을 마련해 볼 것을 관련 행정부서인 교무처에 지시한다.
② 교무처는 교육 관련 위원회에 정책 검토를 요청하고, 이 위원회는 통섭교육 정책에 대해 학문적 타당성을 검토하여 구체화된 정책을 수립하여 교무처에 보고한다.
③ 교무처는 제시된 정책을 수행하기 위한 행정적 절차를 수행한다.

위에서 제시된 절차는 너무도 일반적이고 당연한 절차처럼 보인다. 그러나 당연한 절차임에도 ②의 절차가 생략되는 경우가 많다. 정책이 위에서 아래로 흐르는 정책이나 조직이 경직되어 있을 때는 이러한 경향이 더 심해진다.

통섭교육 정책이 위에서 아래로의 정책이 아니라 아래에서 위로의 정책결정과정이라고 가정해 보자. 우선은 학문적 영역에서 먼저 필요에 따라 검토되고 관련 위원회에 보고되고 정책의견이 제시될 것이다. 이후 관련 행정부서에서 절차에 따라 총장에게 보고되고 시행될 것이다.

만일 통섭교육 정책과 같은 학문적 영역의 정책결정 사항이 행정부서 단독으로 제안하여 결재절차를 거친다면, 중간 결재과정에서 학문적 검토가 이루어지지 않은 것에 대해 지적될 것이다. 아래로부터의 정책결정과정에서는 이처럼 여러 행정적 단계들을 통해 수정 보완될 기회를 얻게 된다. 하지만 위에서 아래로의 정책결정 과정에서는 '지시'라는 특성이 ②라는 절차를 깜빡하게 만들어 버린다.

대학 정책은 학문이라는 본질이 행정을 통해 실현되도록 하고자 하는 그 무엇이다. 따라서 대학 정책은 두 가지 특성을 동시에 가지고 있다. 학문적 영역의 특성이 있는 정책을 행정적 시각으로만 실행하거나, 행정적 고려 없이 학문적 영역의 관점에서만 추진하려 해서는 안 된다. 학문과 행정이 함께 고려되지 않는 정책은 반드시 결함을 가질 수밖에 없다.

대학 정책 실전에 있어서 이 두 가지를 미세감각으로 느끼고 균형을 맞춘다는 것은 상당히 어려운 일이다. 대학 행정이 학문적 영역의 고려 없이 행정적 시각으로만 정책을 실행하려는 오류로 빠지기 쉬운 것은 크게 두 가지 원인이 있다. 하나는 대학 행정에 참여하는 정책결정자들이 대부분 학문적 영역의 학자들이라는 것이고, 또 하나는 행정 실무자의 학문적 영역에 대한 이해 부족이다. 행정 실무자의 학문적 영역의 이해 부족을 보완하기 위해 대학 행정에 교수(학자)들이 참여하여 이를 보완하는 측면도 있다. 하지만 이로 인해 행정력이 더 떨어지고 조직 내에서 행정과 학문의 부조화가 발생할 가능성 또한 크다.

일반적으로 행정가로서의 학자는 행정경험이 부족한 단점 이외에도 오히려 학문의 목소리에 귀를 덜 기울일 위험성을 안고 있다. 대학 정책을 수립함에 있어서 이미 자신의 학자적 경험과 의견이 반영되었다고 단정함으로써 학문 영역으로부터의 목소리를 외면하거나 간과하기 쉬운 것이다. 특히 학문이 고도로 세분화되어 자신의 학문 경험이 특정영역에 국한되어 있음에도 학자 출신 행정가는 다양한 정책결정 사항에 대해 자신 스스로 학문적 자문을 대신하려 한다. 아마도 학문적 경험이 없는 행정가라면 중요한 대학 정책을 수립할 때는 관련 전문가의 의견을 충분히 고려할 것이다. 하지만 학자 출신 행정가는 오히려 자신의 함정에 스스로 빠져들 가능성이 큰 것이다. 특히 교육 정책은 교육학이나 학문을 하지 않는 사람이라 하더라도 대한민국 국민이면 누구나 할 말이 많은 분야이다. 그래서 학자 출신 행정가가 함정에 빠지기 쉬운 분야가 바로 교육 정책이다.

행정과 학문의 영역을 구분하지 못하는 또 다른 오류는 행정 실무자의 학문적 영역에 대한 이해 부족이다. 행정 실무자는 학자 출신 행정가와는 반대로 학문적 영역을 행정적 관점에서 바라본다. 대학에서 가르치고 연구하지 않는 또 다른 존재인 행정가는 대학의 학문적 본질에 가려져 잘 보이지 않는다. 그러나 대학을 하나의 총체적 역량으로 엮어 내는 역할은 행정의 역할이고, 이를 전담하는 행정 실무자가 존재한다.

이와 같이 행정 실무자는 대학 내에 존재하지만 학문적 영역에 대해 깊이 이해할 기회가 부족하다. 그럼에도 업무의 핵심이 학문적 영역을 다루고 있어 마치 학문적 영역을 잘 이해하고 있는 것으로 착각하기 쉽다. 또한 행정 실무자는 특정한 업무만을 주기적으로 반복함으로써 학문적 영역의 어느 한 단면만을 보고 전체를 예단하기 쉬운 것이다. 이 착각이 바로 행정과 학문적 영역을 구분하지 못하는 오류의 원인이다.

행정과 학문을 혼동하지 않고 오류에 빠지지 않기 위해서는 양자 간의 소통이 필요하고, 이를 위해서는 서로 상대를 잘 알고 있다는 착각에서 벗어나야 한다. 학자와 행정가의 모습을 동시에 가진 학자 출신 보직자, 전문 행정가인 행정 실무자 모두 서로 학문과 행정을 잘 이해하고 있다는 편견을 버려야 한다. 서로 자신의 영역 밖에 대한 부정확한 편견을 없애는 것이 소통을 위한 기본 조건인 것이다.

이제 다음과 같은 업무가 행정 실무자인 당신 앞에 주어졌을 때 당신은 어떻게 할 것인가. 세계적 석학인 마사 누스바움(미국 시카고대학교 법학·윤리학 교수)이 한국학술진흥재단의 초청으로 국내에 방문하여 대학교 순회강연회를 개최했다. 총장은 이 순회강연회를 소속 대학교에 유치하고, 행정부서에 이 강연회를 개최하고자 한다. 당신은 강연회를 어떻게 성공적으로 마칠 것인가?

결론부터 말하면, 이 강연회를 단순히 행정적 관점에서 행사를 치르고자 한다면 안 된다는 것이다. 물론 외형적으로는 성공할 수 있다. 강의시설의 확보, 의전, 홍보 등 외형적 행사준비는 행정적으로 모두 가능하다. 필요하면 행정력을 통해서 강연회의 청중을 동원할 수도 있다. 하지만 강연을 행정적으로만 접근하기에는 뭔가 허전하다. 누스바움의 이름조차 모르는 행정직원, 자신의 전공과 어떤 관계인지도 모르고 수업을 대신해서 참석한 학생들이 좌석을 채운다면 과연 성공적인 강연회라 할 수 있을까?

처음부터 다시 생각하자. 강연회의 학문적 성격을 고려한다면 행사 진행절차만 봐서는 안 된다. 우선은 누스바움과 관련된 교내의 전공 또는 연구소 등의 학문 단체를 찾아야 한다. 그리고 이 학문

단체가 이 강연회의 주관이 되고, 행정부서는 지원부서로서 물러나서 도움을 주어야 한다. 그러면 일이 정상궤도에 올라 순리대로 진입하여 강연회장은 동원된 청중이 아닌 누스바움의 강연을 듣고 싶어 하는 사람들로 채워지고, 누스바움의 순회강연회는 학문적 성과를 얻을 것이다. 이러한 결과이면 행정은 이 행사를 잘 지원했다고 할 수 있다.

대학 행정은 학문적 성과를 만들어 내는 도구로 활용되어야 한다. 행정 그 자체에 목적을 두면, 학문이 없는 강연회 쇼만 펼쳐질 것이다. 어떤 결과를 나타낼 것인가 하는 것은 대학 행정의 역할이다.

사일로(Silo)*

다리(bridge)는 길을 건너기 위해 사용된다. 다리는 지면으로부터 지지대 역할을 하는 교각이 있고, 이를 잇는 상판으로 구성된다. 만약 다리가 교각만 있고 상판이 없다면 다리의 역할을 수행할 수 없다. 다리를 만드는데 가장 중요하고 어려운 기술은 교각과 교각 사이의 상판을 어떻게 이을 것인가일 것이다.

사람이 다리를 이용해 길을 건너듯, 조직은 행정이라는 다리를 통해 목적을 달성한다. 행정의 다리에서는 하나하나의 교각이 각각의 부서가 될 것이고, 다리를 잇는 상판은 행정부서와 부서를 잇는 그 '무엇'이 될 것이다.

우리는 조직의 큰 목표나 일을 부서라는 단위로 나누어 관리한다. 그리고 이러한 나눔으로 행정이 모든 것을 갖춘 것으로 간과하는 경우가 많다. 그러나 단순히 업무를 부서단위로 나누는 것은 단지 다리의 교각을 만드는 것에 불과하다. 하나의 다리가 완성되기 위해서는 교각 위에 상판을 얹는 작업이 필요하듯이, 조직에서는 부서와 부서를 연결하는 그 '무엇'이 필요한 것이다. 또한 그 '무엇'에 대한 관리가 행정의 가치를 결정하는 중요한 역할을 한다. 그러나 우리는 다리의 상판이 없어서는 안 되는 것은 느끼지만 행

---

* 사일로(silo)는 사전적 의미로 곡식이나 마초 등을 저장하는 탑 모양의 건축물이며, 흔히 '조직 내 부서 간 장벽'을 뜻하는 용어로 사용되어 왔다.

정의 다리에서 상판이 없음을 인식하지 못하고, 그 중요성을 깨닫지 못하는 경우가 많다.

과연 우리 조직의 행정의 다리에서 상판은 존재하는가?

행정의 다리에서 상판은 어떻게 구성할 것인가?

물길을 따라 물을 흘려보내듯, 행정구조에 돈을 흘려보내 보자. 돈과 일은 거의 같이 흐른다. 일이 있는 곳에 돈이 따라가고, 반대로 돈이 있는 곳에 할 일이 생긴다. 그래서 조직 내에서 돈이 관리되고 흐르는 것을 잘 관찰하면 조직을 진단해 볼 수 있는 또 다른 창을 하나 가지게 될 것이다. 물론 조직 내에서 돈을 관리하고 효율적으로 사용하는 정책 그 자체 또한 상당히 중요한 일이다.

조직 내에서 돈의 발원지는 예산 편성에서부터 시작된다. 매 회계연도가 시작되기 전에 조직 내에서 사용할 돈을 예측하여 부서별로 배정한다. 이때 돈을 배정하는 방식은 두 가지 중의 하나이다. 사용부서별로 배정하는 방법과 사용목적에 따른 관리부서별로 배정하는 방법이다. 예를 들면 인쇄비를 사용부서별로 배정할 수도 있고, 인쇄비를 총괄 관리하는 부서가 총무부라 한다면 총무부에 배정할 수도 있다.

이 두 가지 배분방식에 따라 업무를 보는 관점이 서로 달라지고, 이 관점의 차이는 업무가 수행되는 과정에도 영향을 미친다. 사용부서별 예산배정은 인쇄비뿐만 아니라 사무용품비, 행사비, 장비관리비 등 예산의 각 항목이 부서별로 배정된다. 이는 사용부서를 우선함으로써 사용부서에서 쉽게 자신의 예산을 파악할 수 있고, 집행절차를 단축하는 장점이 있다. 하지만 이 경우는 사용목적별로 관리가 어렵다. 인쇄비를 집행하는데 부서마다 업체와 계약하는 단가가 다를 수 있고, 각 부서에서 인쇄업체의 현황을 각각 가지고 있어야 한다.

반면 사용목적별 예산배정은 사용목적별 예산항목이 우선하고, 각 예산항목 아래에 사용부서별 예산을 편성하게 된다. 이 경우는 각 부서에서 예산을 사용할 때 예산주관부서를 거쳐 집행해야 하므로 다소 불편할 수 있다. 하지만 사용목적별로 통제 및 관리가 수월하고 목적별 전문성을 살리는 장점이 있다.

이 두 가지 배분 방식은 어느 한쪽이 좋고 나쁨을 따질 수 없다. 각 방식의 장단점이 있고, 그 장점이 동시에 필요하다. 문제는 어느 한 방식만을 일방적으로 택하는 경우이다. 이러한 양자택일의 방식은 항상 이면에 단점을 드러내게 된다. 이를 극복하기 위해서는 관리하는 차원을 하나 높여 주는 방법이 좋다. 가로가 좋은가, 세로가 좋은가를 따져서 둘 중의 하나를 선택하는 문제가 아니고 가로세로 다 필요하고 받아들여야 한다. 씨줄과 날줄이 있어야 광주리가 만들어지는 것과 같다. 조직에 가로세로 길을 내 주어야만 이 돈의 흐름이 원활해진다.

부서 간에 업무로 매일같이 부딪히게 되는 것도 다름 아닌 이 가로세로의 논쟁과 같다. 인쇄비를 사용부서의 관점에서 볼 것인가, 사용목적의 관점에서 볼 것인가와 같은 논쟁 말이다. 조금만 뒤로 물러서서 보면, 부서 간의 업무도 쓸데없이 가로세로의 논쟁을 따질 것이 아니라는 것은 자명하다. 하지만 실전에서는 매일같이 '가로가 맞다', '세로가 맞다' 하고 서로 한 치의 양보도 없는 논쟁이 벌어진다. 가로로 보면 업무가 A 부서에는 걸쳐 있고 B 부서에는 걸쳐 있지 않다. 반대로 세로로 보면 업무가 A 부서에는 걸쳐 있지 않고 B 부서에는 걸쳐 있다. 이 경우 A는 세로로만 보려고 하고, B는 가로로만 보려고만 하는 것이다.

둘 다 맞기도 하고 틀리기도 하다. 두 부서는 바구니를 갖다 놓고 어떻게 생겼는지 자세히 살펴보고 난 이후 다시 논쟁을 하는 것이 좋을 것이다.

뚝배기는 우리 음식에 없어서는 안 될 포근한 그 무엇이다. 냄비처럼 빨리 끓지 않는 단점이 있지만 일단 뜨거워진 것은 쉽게 식지 않으므로, 겨울철에 찌개·설렁탕 등 따끈한 음식을 담는 데 좋다. 그러한 뚝배기를 보고 있으면 따끈한 국물이 생각나고 고향 생각이 난다. 더불어 마음 또한 포근해진다.

뚝배기는 모든 것을 담는다. 열무김치, 상추, 당근에 고추장, 참기름을 넣고 싹싹 비벼 열무비빔밥을 만들어 먹으면 맛이 그만이다. 대학도 뚝배기 그릇이다. 비빔밥이다. 각 부서에서 가지고 있는 부서별 업무는 비빔밥의 재료이고, 학교는 뚝배기 그릇이다.

그런데 비빔밥은 누가 만들어야 할까? 행정조직의 구성원 스스로 만들어야 하지 않을까. 하지만 조직 속의 우리의 모습은 비빔밥 속의 하나의 재료라고만 생각할 뿐, 스스로 맛있는 비빔밥을 만들어 먹을 줄 아는 식도락가이기를 포기한 듯하다. 나는 참기름 통에 담긴 참기름이고, 열무김치이고, 상추일 뿐이라고 스스로 생각하고 그렇게 적응하고 살아가는 것 같다. 아무도 비빔밥을 만들려고 하지 않고 각자 자기 부서 내에서 자기 업무만을 고집하며 비빔밥 재료가 되고자 하는 것이다.

비빔밥은 하나하나의 재료 자체보다는 서로 섞여야 가치가 있고, 조직도 하나하나의 부서별 업무보다는 부서 간 협력을 통해 일을 만들어 내야 가치가 있다. 참기름을 만드는 부서에 속해 있으면 참기름을 더욱 고소하게 만드는 자체의 역할도 필요하지만, 당신이 가지고 있는 참기름을 더욱 가치 있게 쓰일 수 있도록 조직 내의 다른 부서에서 만들어 낸 재료들과 합해져 비빔밥을 만들어야 한다. 참기름 부서에서 근무한다고 참기름만 먹고 살 수는 없지 않은가.

지금은 모두 음식 재료만 만들기에 열중하고 있다. 그것은 아마도 자신들 부서의 일차적 목적인 재료 만들기에도 정신없어 보인다. 그리고 조직이라는 뚝배기가 너무 커서 그 뚝배기에 비빔밥을 만들어야지 하는 생각조차도 잊어버리고 있는지도 모른다. 뚝배기를 보면서, 그리고 사무실로 출근하면서 다시 한 번 생각해 보자.

'조직의 뚝배기가 보이는가?'

'그 뚝배기에 나는 지금 무엇을 만들고 있는가?'

'내가 지금 하고 있는 일은 뚝배기 속에서 어떤 재료로 쓰이고 있는가?'

'나는 내가 가진 재료와 동료가 가진 재료를 가지고 조그마한 비빔밥이라도 한번 만들어 보았는가?'

큐브를 맞추는 놀이는 참 어렵다. 한쪽 면을 신경 써서 맞춰 놓으면 금세 다른 면이 흐트러진다. 한쪽 면을 맞추는 것도 힘든데 6개 면을 몇 초 만에 맞추는 사람을 보면 참으로 놀랍다. 그 사람의 신기한 손놀림으로 부서 간 업무를 큐브 맞추기처럼 해 달라고 하고 싶다. 하지만 행정 현실에서 부서 간 색깔 맞추기는 큐브의 한쪽 면을 맞추는 경로보다 더 어려운 것 같다. 부서 간 업무도 큐브처럼 기계적으로 연결되어 있다면 답이 존재할지 모른다. 절대자가 큐브를 맞추듯 하면 될 것이다. 하지만 행정조직은 한 사람의 손으로 쥐고 돌릴 수 없다. 누군가 한 번 정도는 흔들 힘은 있을지 모르나 큐브를 돌리듯 자유자재로 움직일 절대자는 존재하지 않을 뿐더러, 전체를 관장하고 내려다본다는 것 자체가 불가능한 일이다. 행정조직 간의 불협화음은 영원히 맞출 수 없는 큐브게임일 것이다. 하지만 불협화음을 최소화하려는 노력 또한 지속되어야 한다. '행정을 한다'는 것이 이 불협화음을 맞추는 일 자체일지도 모른다.

우리는 행정조직을 기계처럼 생각하고, 부서 간의 문제를 기계적 사고방식으로 풀려고 하고 있다. 어느 조직이건 부서의 사무분장을 보면 각 팀의 역할 분담이 명확하게 규정되어 있어, 이 규정만 본다면 그 조직은 어떠한 일이든 잘 소화해 낼 시스템을 갖춘 것 같다. 부서 간에 다소 삐걱거림이 있다면, 그 일에 가장 적합하다고 판단되는 부서의 사무분장 규정에 해야 할 일을 하나 더 써 넣으면 된다. 부서 간 협업을 강화하기 위한 일반적 조치들은 이처럼 부서 업무를 좀 더 정교하게 갈라서 놓은 방법들이다. 하지만 행정조직 내의 부서별 업무가 큐브처럼 기계적으로 연결되어 있다는 가정하에 부서를 더 세분화하고, 더 기계적으로 연결하는 시도들은 불행한 일이다. 조직 간의 연결을 기계적으로 생각하면 그 행정조직은 큐브처럼 딱딱하게 굳어서 생명력을 잃을 것이기 때문이다.

행정조직은 기계조직이 아니라 스스로 생각하는 유기적 조직체이다. 큐브처럼 어느 한 단면이 반드시 한 가지 색깔을 가지고, 한 면을 돌리면 다른 큐브에 미치는 영향이 항상 동일하지 않다. 행정조직 내의 부서는 보는 시각에 따라 항상 변화한다. 그리고 단위부서는 지능을 가지고 스스로 움직인다. 부서 간의 관계도 물리적 관계가 아닌 화학적 관계이다. 부서와 부서가 만나서 상황에 따라 전혀 새로운 것을 생성하고, 또 매번 다른 결과물을 만들어 낸다. 그래서 행정조직 내의 부서업무를 사무분장 등으로 아무리 규정한다고 한들, 조직 내에서 일어나는 수많은 현상을 설명할 수 없다. 한 폭의 그림을 설명한 글이 수만 페이지라고 하더라도 그 글을 읽고 똑같이 그릴 수 없듯이, 부서 간에 일어날 수 있는 모든 일을 업무분장으로 규정하는 것은 불가능하다.

나는 큐브를 겨우 한쪽 면밖에 맞추지 못한다. 딸아이가 새것을 산 것처럼 6개 면을 모두 맞춰 달라고 하면 아예 해체해서 다시 조립한다. 큐브의 기계적 결합의 관계를 파악해서 돌리고 돌려서 맞추는 것이 아니라, 역으로 이 기계적 결합을 해체하고 내가 맞추고 싶은 데로 끼워 넣는 방법을 택한 것이다.

행정조직 내의 부서 간 불협화음은 어떻게 해결할 것인가? 기계적 결합의 관계를 강화하는 쪽으로의 해결방법은 아닌 듯하다. 이미 많은 실패의 경험이 있지 않은가. 답은 반대쪽으로의 사고방식, 즉 큐브의 기계적 결합을 해체하는 방법에서 찾아볼 필요가 있다. 큐브처럼 딱딱하고 기계적인 조직이 아니라 부서와 부서간의 연결고리를 오히려 느슨하게 해서, 각 부서가 기체처럼 스스로 움직일 공간을 넓히는 것이다. 그 부서는 목표를 이루기 위해 스스로 움직이고, 다른 부서와의 마주침을 통해서 새로운 화학적 결합을 시도할 것이다. 그리고 이러한 움직임을 통해 창조적 결과물을 만들어낼 것이다.

　　휴일에 임진각에 다녀왔다. 드넓은 구릉지의 임진각 잔디 언덕 한편에 바람개비를 수없이 꽂아 놓은 설치작품이 있다. 그 바람개비 작품을 바라보고 있으면 마음이 자꾸 어린 시절로 빨려 들어간다. 그런데 바람개비 언덕에 점점 다가갈수록 뭔가 좀 특이한 점이 발견되었다. 바람은 일정하게 불어오는데 어느 바람개비는 신나게 돌고, 어느 것은 움직임이 없다. 가까이 가 보니 이유는 간단했다. 바람개비가 꽂혀 있는 방향이 서로 제각각이었고, 바람이 불면 방향이 맞는 바람개비만 돌아가고 있었던 것이다.

　　바람개비 언덕에 도착해서 우리 일행은 무의식적으로 바람개비를 바람 방향에 맞서도록 한 쪽 방향으로 돌리는 놀이를 열심히 하였다. 그래서 바람이 불면 하나라도 더 돌아가도록 하려 한 것이다.

그러나 한참을 돌리다 보니 팻말이 하나 보인다. 바람개비를 바람 방향에 맞추려고 하지 말고 그냥 꽂혀 있는 대로 두라는 경고판이었다. 바람개비를 바람 방향에 맞추는 놀이도 재미있는데 왜 못하게 할까. 의아해 하면서 바람개비 언덕을 벗어났다.

그리고 한참을 걸어 멀리서 바람개비 언덕을 뒤돌아봤다. 그 순간 난 바람개비 언덕에 제멋대로 꽂힌 바람개비의 조화와 자유를 봤다. 왜 바람개비를 그냥 제멋대로 두라고 했는지 이제 알 것 같다. 만일 내가 모든 바람개비를 한 방향으로 돌려놓았으면 바람의 방향에 따라서 바람개비가 모두 돌고 있든가 아니면 모두 멈추어 있었을 것이다. 그러나 제멋대로 꽂힌 바람개비는 바람방향이 바뀔 때마다 서로 제각각 돌아가면서 참으로 멋진 조화를 이루고 제멋대로의 자유를 누리고 있었다. 그리고 나는 바람개비 언덕이 완전히 한눈에 들어왔을 때 제각각인 바람개비 하나하나가 만들어 낸 모습이 어떤 것인지 알았다. 가까이에서는 형형색색 제멋대로였던 것이 멀리서 보니 바로 우리 한반도를 나타내고 있었고, 한반도는 자유의 바람을 맘껏 품고 있었던 것이다.

임진각의 바람개비를 보면서 우리 사회의 획일성을 생각하게 된다. 내 자신이 바람개비를 바람 방향으로 모두 돌려놓고자 하는 무의식적인 행동을 보인 것과 같이, 우리의 잠재의식에는 모든 것을 획일화하고자 하는 의식이 배어 있는지도 모른다. 대학사회에서도 마찬가지다. 특히 정부가 모든 대학을 획일화된 목표 아래 한 방향으로 유도하는 정책들은 너무도 많다. 하지만 좋은 목적의 정책목적이 오히려 획일화 때문에 더 큰 문제를 일으키는 경우가 있다. 학부제 시행도 그렇고, 지나치게 산학협력만을 강조하는 사례도 그렇다.

　대학사회의 획일화는 정부와 대학과의 관계뿐만 아니라 대학사회 내부의 구조도 마찬가지다. 대학 행정의 직원 한 사람 한 사람이 임진각의 언덕에 꽂힌 하나의 바람개비라 한다면 우리는 아마도 한쪽 방향으로만 꽂힌 바람개비일 가능성이 많다. 임진각의 바람개비는 개개인의 특성과 자율을 중시하면서 전체적 조화를 이룬다. 우리의 조직도 이러한 임진각의 바람개비와 같았으면 좋겠다.

원스톱 서비스와 공간병

대학 행정도 이제는 기업에서와 마찬가지로 고객의 존재를 인식하기 시작했다. 그래서 고객의 입장에서 바라본 행정조직이 바로 '원스톱서비스센터'이다. 원스톱서비스센터는 대학 행정에 있어서 '고객'의 개념을 인식하는 중요한 전환점이 되었고, 이러한 자세는 행정 전반에 긍정적인 효과를 나타내고 있다.

하지만 원스톱서비스센터가 그 취지는 좋으나 실제운영과정에서 본래의 설립취지에 부합하지 못하고 존폐의 기로에 서 있는 경우가 많다. 왜 원스톱서비스센터가 대학 행정을 의욕적으로 변화시키기 위한 첨병으로서의 역할을 다하지 못하고 정체성을 상실하고 겉돌 수밖에 없는가? 이는 센터 자체의 운영상 문제에서 원인을 찾을 수도 있으나 행정조직 구조 자체의 문제에서부터 점검할 필요가 있다.

원스톱서비스센터는 고객(학생, 교수, 교우, 사회 등)의 입장에서 고객이 필요한 업무를 최대한 한 곳에서 해결되도록 해야 한다. 이러한 목적을 달성하기 위해서는 고객에게 필요한 행정업무를 센터로 이관하여 업무프로세스를 개선하고, 유관 업무와의 원활한 협조체계를 구축하여야 한다. 이러한 과정에는 필연적으로 기존 행정조직과의 업무 조정이 있게 되는데, 여기에 두 갈래의 길이 존재한다.

하나는 센터를 '부서'의 개념으로, 다른 하나는 '장소'의 개념으로 접근하는 길이 있다.

이 양자의 길에서 주로 선택하게 되는 것이 '부서'의 개념으로 접근하는 방법이다. 센터를 하나의 독립적 부서의 위상으로 생각함으로써 [그림 1]과 같이 별도로 조직을 구성하고, 민원에 관련된 업무를 기존의 다른 부서로부터 분리하여 센터에서 독립적으로 업무를 수행하게 하는 것이다. 하지만 이 길은 곧 잘못 선택된 길임을 알게 될 것이다. 이 길로 계속 갔을 경우는 센터로 이관한 업무가 기존에 담당하던 부서와의 삐걱거림이 발생하거나 심지어 미아로 전락할 가능성이 크다. 이는 원스톱서비스의 개념이 애초부터 무리한 발상이라기보다는 센터의 업무특성을 정확히 이해하지 못하고 잘못된 길을 선택한 결과이다.

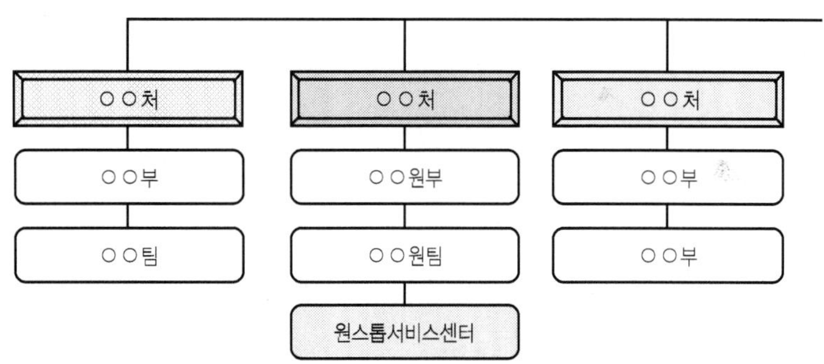

[그림 1] 원스톱서비스센터를 독립부서로 인식한 행정조직도

지금 원스톱서비스센터가 애초의 취지와 달리 애물단지처럼 여겨진다면 두 갈래의 길 중에서 잘못된 길로 들어서 있지 않은지 살펴보자. 그리고 센터가 '부서'로서의 길이 아니라고 판단된다면 아

직 가 보지 않은 '장소'로서의 관점으로 바꾸어 보자.

원스톱서비스센터는 어느 한 부서에서 독립적으로 고유 업무를 수행하는 개념이 아닌 종합적 민원지원실과 같다. 이 경우 센터는 [그림 2]와 같이 각 부서가 참여하여 서비스하는 장이 될 것이다. 센터에서는 독립적 업무를 수행하는 것이 아니라 장소만 제공하고, 각 부서는 민원에 관련된 업무를 이 센터에서 각자 수행하는 것이다.

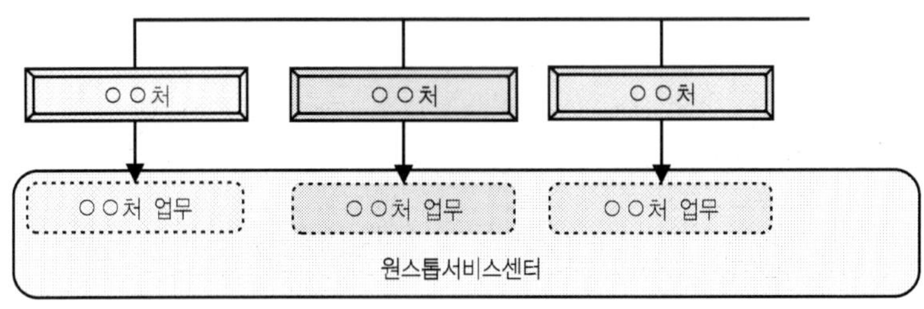

[그림 2] 원스톱서비스센터를 부서가 아닌 장소의 개념으로 인식한 경우

안타깝게도 대학 행정은 두 갈래의 길을 살필 여유가 없어 보인다. 고객서비스 강화를 위한 좋은 취지만을 앞세워 무리한 접근과 과욕, 관행 등이 겹쳐 근본적 문제를 간과하는 경우가 많다. 실제 업무를 좀 더 세밀히 관찰해 보자.

예를 들어 교무처의 학사업무 서비스 분야 일부와 학생처의 서비스 업무 일부를 원스톱서비스센터로 업무를 분장한 경우는 [그림 3]과 같다. 이 경우는 교무처의 원래 업무 영역은 A를 중심으로 한 원형이었으나 원스톱서비스센터의 설립으로 C의 영역만큼 업무영역이 줄어들게 된 것이다. 이는 학생처(B)의 경우도 마찬가지다.

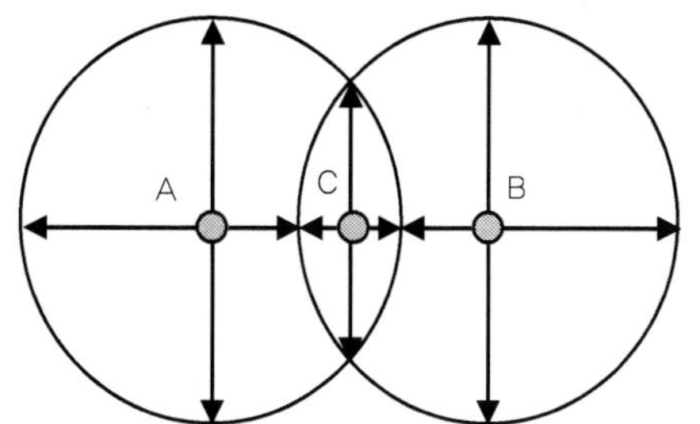

[그림 3] 부서의 개념으로서의 원스톱서비스센터

원스톱서비스센터의 설립은 A와 B의 업무영역의 변화뿐만 아니라 조직 간의 업무효율성에 큰 영향을 미친다. 센터의 설립 이전에는 A와 B의 영역에 속했던 업무가 다른 부서의 업무 영역으로 옮겨감으로써 전체 업무 효율성이 변한다. 민원 서비스를 위해 C 부서로 업무가 분화하는 과정에서 효율성이 더 떨어질 가능성이 크다. 이는 센터의 운영 결과가 증명해 줄 것이다. A 또는 B 영역 내에서 효율적으로 연결된 업무가 C의 업무로 분장되는 것은, A 또는 B로부터 어느 정도 단절되는 현상을 피할 수 없기 때문이다. 부서 간 장벽이 높은 조직 내에서는 특히 이러한 현상이 심화된다.

원스톱서비스센터를 장소의 개념으로 접근했을 때는 [그림 4]와 같이 기존의 A, B 부서만 존재하고, C는 부서가 아닌 하나의 장소일 뿐이다. 이는 관련 제품이나 서비스를 코엑스나 킨텍스에서 박람회를 하는 것과 같다. 즉 원스톱서비스센터는 고객서비스를 위한 박람회장이 되는 것이다.

원스톱서비스센터가 제대로 정착하지 못하고 있다면 그 근본적 문제발생의 원인은 업무의 공유지역에서 파생되었을 가능성이 크고,

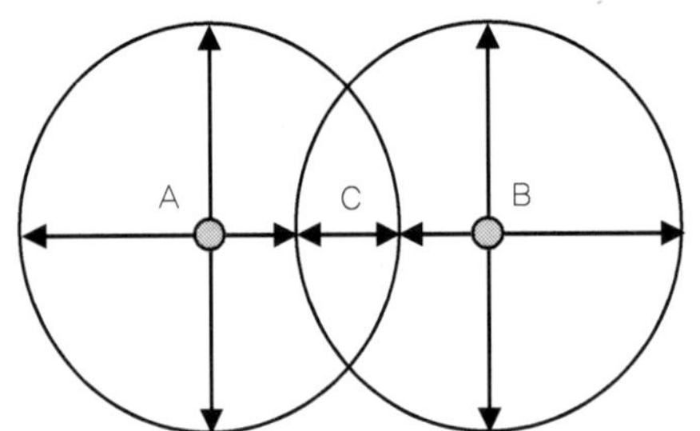

[그림 4] 장소의 개념으로서의 원스톱서비스센터

행정조직이 이 업무공유지역에서의 업무수행능력이 부족하기 때문일 것이다. 같은 업무를 2개 부서가 수행할 것인가 아니면 3개 부서가 수행할 것인가 하는 문제는 상호 부서 간 업무협조 능력에 따라 효율성이 높아질 수도 있고 낮아질 수도 있다. 분명한 것은 원스톱서비스센터가 또 하나의 부서 간 장벽을 만들지 않도록 경계해야 한다는 것이다.

원스톱서비스센터의 운영 사례를 통해 본 조직의 또 다른 문제점은 '특정의 부서는 특정의 장소에서 같이 근무한다'는 고정관념이다. 우리는 부서의 '업무'와 '공간'을 무의식적으로 동일시하는 경향이 있다. 한 부서가 한 사무실에서 근무하는 것을 너무 당연하게 받아들이고, 그것이 가지고 있는 병폐를 미처 깨닫지 못한다. 원스톱서비스센터를 부서로서의 개념으로 접근하려고 하는 심리적 원인도 여기에서부터 출발한다. 이러한 문제점은 원스톱서비스센터뿐만 아니라 행정현장 곳곳에서 포착된다. 예를 들면 IT 담당자들은 일반 행정부서에서와 동떨어진 곳에서 그들만의 부서를 만들어 근무하는 경향이 있다. 하지만 행정은 이미 IT와 분리할 수 없고, 행정이 곧 IT이다. 따라서 이제는 IT 업무가 자기들만의 공간을 나와서 행정의 필요한 현장에 있어야 한다. 이는 교무, 학생 업무가 고객의 요구에 따라 원스톱서비스센터라는 공간으로 나가서 서비스하는 개념과 같다. 그러나 IT 담당자가 자신의 공간을 벗어나 다른 행정부서에서 근무한다는 개념은 아직도 멀어 보인다. 누군가 IT 담당자들이 행정 현장에 있어야 할 필요성을 주장하면 우선 소속이나 직렬을 변경하는 것부터 떠올린다. 이는 부서와 공간을 분리하지 못하는 병이고, 일반 행정부서에서 흔한 병이다. 이러한 병을 '공간병'이라 정의하는 것도 괜찮을 듯 싶다. 병명이 있으면 처방도 가능할 것이기 때문이다.

태스크포스의 양면성

태스크포스(Task Force, TF)는 조직 내의 한 팀이나 부서 자체 내에서 해결하기 어려운 업무 또는 전문적 도움을 요하는 업무 등을 수행하기 위해 구성된 업무 중심의 임시 조직이다. 따라서 TF의 인적 구성은 기존 조직단위를 뛰어넘어 업무담당자와 외부의 전문가가 함께 참여한다. 이러한 TF는 업무의 해결능력에 있어서 조직에 긍정적 효과를 가져 온다. 특히 보수적 조직은 TF를 통하여 업무개선을 이루고 특정의 업무를 신속히 해결하는 지름길일 수 있다.

하지만 조직 차원에서 살펴보면 TF를 긍정적으로만 바라볼 수 없다. TF가 많아지는 것을 그 조직이 원래 능동적으로 움직이는 창조적 문화를 바탕으로 한 건강한 현상이라고 생각할 수 있다. 하지만 조금만 각도를 돌려 살펴보면 그 조직사회가 정상적 행정조직을 통하여 운영되지 못하고 특단의 조직을 통하여서만 움직이는 비정상적 조직으로서 조직 내에서 소화해 내지 못하는 업무가 많다는 반증일 수 있다. 따라서 TF가 조직사회에서 과거보다 눈에 띄게 늘어났다면 그러한 현상이 긍정적 원인의 결과인지 아니면 조직의 병폐에 따른 결과인지를 주의 깊게 살펴야 한다.

또 하나 살펴야 할 것은 TF가 반드시 기존 행정조직보다 우수한 결과물을 만들어 내지는 않는다는 점이다. TF는 기존 조직보다 대체로 다음과 같은 단점이나 부작용을 안고 있다.

- ¤ TF는 업무 실행에 관한 실질적 권한이 없어서 연구에만 그칠 가능성이 있다.
- ¤ TF의 결과에 대한 실행은 기존 조직의 담당부서에서 할 수밖에 없으며, 이럴 때 오히려 특정한 업무의 수행 결과가 더 늦어질 수 있다.
- ¤ TF에 너무 의존하면 기존 조직의 담당부서 행정력이 약화되고, TF와의 불협화음이 발생할 가능성이 있다.
- ¤ TF에 대한 보상방식은 전체적인 행정조직 측면에서는 바람직하지 않고 불합리한 단점이 있다.

TF에 대한 올바른 이해를 위해 업무 자체를 좀 더 확대해서 자세히 살펴보자. TF는 단일 부서 내의 업무만을 가지고 구성하지 않으며, 업무가 여러 부서와 관련이 되어 있거나, 아니면 여러 부서 어느 곳에서도 주관하지 않는 사각지역의 업무를 해결하기 위해 구성된다. 따라서 TF를 통해서 해결하고자 하는 업무는 [그림 5]와 같이 대체로 업무의 공유지역이나 사각지역에 속한 것이다.

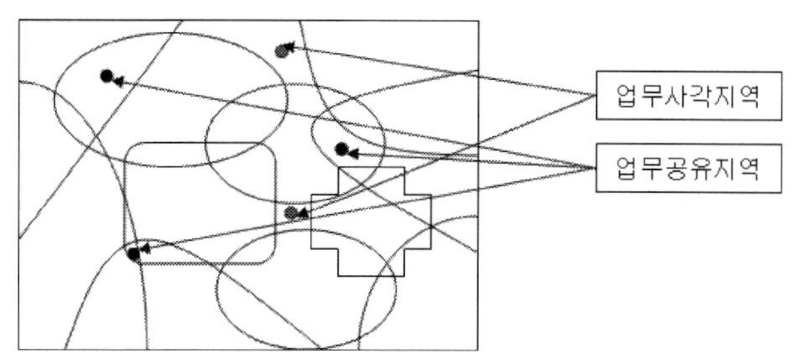

[그림 5] 업무 영역

그렇다면 이 공유지역 또는 사각지역을 항상 TF를 통해서만 해결가능한가? 기존 조직 간에는 이 문제를 해결할 수 없는가? 이러한 질문에서 출발하면, TF의 역할을 두 가지 관점으로 분류할 수 있다. 하나는 기존에 없는 새로운 무엇인가를 만들어 내는 것, 즉 창조자의 역할일 것이고, 다른 하나는 기존의 내부 조직 간 문제에 대한 해결사의 역할이다. 창조자의 역할은 기존의 조직에서도 가능하지만 TF는 이보다는 더 능동적이고 적극적인 개척자인 셈이다. 아마도 TF를 구성하고 운영하는 대부분 조직 구성원은 이러한 긍정적 기대를 하고 있을 것이다.

하지만 많은 경우 TF가 창조자보다는 해결사의 역할을 하고 있는 경우가 많다. 업무의 사각지역 또는 공유지역에는 기존 조직 간에 충분히 해결가능한 일들이 많다. 하지만 내부의 문제로 인해 해결되지 못하고 쌓여 있는 일들이 많고, TF는 이러한 일들을 처리하기 위한 해결사로서의 역할을 주로 하게 되는 경우가 많은 것이다.

눈이 온 다음 날 집 앞 골목길에 쌓인 눈을 서로 방치하고 있는 것은, 그 골목길이 우리 집과 앞집 간에 서로 공유하는 지역이기도 하고 사각지역이기도 하기 때문이다. 눈 내린 동네 골목길을 아무도 치우지 않으면 구청에서는 눈이 올 때마다 눈 치우는 TF를 만들 것이다. 눈이 365일 오는 것도 아니고 어쩌다 한 번씩 내리기 때문에 눈 치우는 부서를 별도로 만들기보다는 눈이 올 때마다 TF를 구성하는 것이 현명한 것이다.

하지만 더 현명한 것은 집 앞 골목길은 자신이 치우는 것이다. 그래서 구청에서는 눈이 올 때마다 TF를 만들어 눈 치우는 일에 만족할 것이 아니라, 내 집 앞 눈을 스스로 치울 수 있도록 지속적인 홍보활동을 해야 한다. 내 집 앞의 눈 치우는 조그만 일까지 구청에서 나서서 할 일은 아니고, 애초에 동네 주민들이 스스로 해야 하는 일이었음을 상기시켜 주는 것이다. 그러면 구청은 쓸데없는 TF를 만들지 않아도 되고 주민의 세금을 아낄 수 있다. 무엇보다도 더 중요한 것은 동네 주민들이 눈이 온 다음 날 서로 웃으면서 눈인사를 할 수 있게 되고, 이웃 간에 무엇을 해야 하는지 알게 되고, 공동체의 정이 무엇인지 느끼고, 더 새로운 무엇인가를 같이 할 수 있다는 성취감을 가졌다는 것이다.

눈 오는 날마다 구청에서 내 집 앞 골목길의 눈을 치워 주면 동네 사람들은 아무도 대문 밖으로 나오지 않을 것이고, 앞집 사람과 눈길을 마주치지 않을 것이다. 그리고 앞집에서 도둑이 들거나 불이 나더라도 그 사건을 뉴스를 통해 접하는 남의 일일 뿐이지 우리 동네 이야기가 아닐 것이다.

조직에서 해결사로서의 TF는 구청에서 눈 치우는 일과 같다. 동네 골목길과 같은 업무의 사각지역이나 공유지역을 어떻게 관리해야 하는가? 구청의 담장을 걷어 내는 사업을 모방이라도 해 보면 어떨까?

정보기술과 행정환경

2009년 3월, 온 국민은 제2회 월드베이스볼클래식(WBC)에 열광했다. 이번 대회에서 우리나라 야구대표팀은 결승전까지 올라 숙적 일본과 세기의 명승부를 펼친 끝에 아깝게 준우승했다. 우리나라는 이번 WBC에서 결승에 오르기까지 대회 주최 측의 이상한 대진 방식 때문에 일본과는 예선전에서 두 번, 8강전에서 두 번 등 총 4번의 맞대결을 펼친 바 있다. 그 중에서 일본과의 예선전 두 번째 경기 결과를 보도한 내용은 다음과 같다.

> "한국야구대표팀은 9일 오후 일본 도쿄돔에서 열린 제2회 월드베이스볼클래식(WBC) 일본과의 순위결정전에서 선발 봉중근(LG)의 호투와 김태균(한화)의 결승타로 1 - 0 신승을 거뒀다. 이틀 전 2 - 14의 충격적인 패배를 당했던 한국은 이날 승리로 화끈한 설욕에 성공했다. 한국의 투수진은 완벽에 가까운 경기 내용을 선보였다. 선발 봉중근과 정현욱(삼성), 류현진(한화), 임창용(야쿠르트)으로 이어진 계투진은 앞선 두 경기에서 18점을 뽑아낸 일본 강타선을 무실점으로 봉쇄했다. 김인식 감독은 완벽한 피칭을 보여 준 투수진에 대한 칭찬으로 인터뷰를 시작했다. '투수의 중요성이 얼마나 무서운지 오늘 경기가 증명해 줬다.'고 말한 김 감독은 '봉중근과 임창용이 호투했고, 도중에 던진 정현욱과 류현진도 모두 잘 던져줬다.'고 이들의 활약에 만족스러워 했다. - chosun.com"

9회 동안 양 팀 통틀어 1점밖에 나지 않은 경기였지만 이를 지켜보던 우리 국민은 이처럼 재미있는 경기를 다시 보기 어려울 것이다. 단 1점을 가지고도 일본의 코를 납작하게 만들었던 것이다. 이틀 전에는 2점이나(?) 뽑고도 콜드게임을 당하지 않았던가.

2점을 내고도 콜드게임을 당하고, 1점만을 가지고도 완벽한 승리를 할 수 있었던 것은 무엇일까. 그것은 바로 김인식 감독의 말처럼 야구는 투수 놀음이기 때문이다. 김 감독은 한일전이 끝나고 또 다른 인터뷰에서 "투수가 경기의 95%를 좌우한다는 걸 보여 준 경기였다."라고 말하고 있다.

야구의 다이아몬드 판과 행정조직도를 비교해 보자. 야구의 수비 위치에서 각자 정해진 역할이 있듯이, 행정조직도도 각자 업무영역이 정해져 있다. 그러면 행정조직에서는 야구의 투수 자리는 어디일까? '경기의 95%를 좌우하는 투수'와 같은 존재 말이다.

나는 지금의 행정환경에 있어서 투수의 위치는 당연히 IT(Information & Technology: 정보기술) 분야라고 생각한다. 동료들은 나의 생각에 일부 긍정하면서도 강하게 부정할 수도 있을 것이다. 내 생각에 긍정적인 동료들의 정서는 업무를 수행함에 있어서 IT의 절대적인 필요성을 피부로 느꼈기 때문일 것이고, 반대로 내 생각이 틀렸다고 생각하는 정서에는 IT 분야가 행정의 중심에 서 있다는 논리 자체에 부정적일 것이다. 더구나 행정의 95%를 좌우하는 위상으로까지 높게 바라보는 시각은 더욱 못마땅할 것이다.

행정과 IT는 태생이 서로 다르다. 전통적으로 행정은 '펜'이 우선이었고, IT는 행정을 지원하는 '기술'에 해당하는 것이었다. 즉 행정을 지원하기 위한 수단이었지 IT가 행정 자체가 되지 않았던 것이다. 지금 IT를 당당히 투수의 자리로 올려놓고자 했을 때, 우리가 느끼는 부정적인 정서의 기저에는 자격 시비에 대한 정통성 문제가 깔려 있다. 이는 야구장 전광판을 다루던 기술자가 갑자기 야구 글러브를 끼고 야구하겠다고 나타난 것이나 다름없다. 더구나 그것도 투수 자리에. 다른 야수들은 당연히 황당해할 것이다.

그러나 행정이라는 운동장에 IT 전문가가 투수하겠다고 나서는 것을 황당해해서는 안 된다. 오히려 투수의 위치로 모셔 와야 하고, 이를 당연하게 받아들여야 한다. 전기 기술자가 야구장갑을 끼고 야구장에 나타난 것과 같은 황당한 표정을 해서는 안 된다. 행정에 참여하는 사람들이 행정과 IT를 어떻게 인식하든지 여부에 관계없이, 행정의 업무 환경은 '펜'에서 'IT'로 변한 지 오래되었다. 이제는 행정인의 인식이 환경을 뒤따라가야 한다. 아직도 행정판에서 전산직이 어색하게 왔다 갔다 한다는 생각들, 행정은 당신들이 하는 것이고 우리는 당신들의 요구하는 대로 프로그램만 운영한다는 생각들, 이러한 생각들은 21세기를 살아가는 석기시대인의 생각들이다. 행정과 IT를 조화시키고자 하는 첫 번째 생각의 전환점은 바로 양자를 서로 다른 둘로 보지 않고, 하나로 보려는 생각이다.

행정과 IT를 조화시키고자 하는 두 번째 생각의 전환점은, IT가 행정의 범주에 포함되는 것을 넘어 행정의 핵심으로 자리 잡은 현실을 인정하는 것이다. 야구는 운동장에 각 포지션별로 9명이 뛴다. 하지만 WBC 대표팀 28명의 명단을 보면 투수 13명, 포수 2명, 내야수 7명, 외야수 6명 등으로 구성되어 있다. 투수의 자리는 9명 중 1명이지만 선수구성에 있어서는 그 중요성만큼 다른 포지션보다도 많은 비중을 차지하고 있는 것이다.

행정인력 구성을 살펴보자. 내가 속한 조직을 단순히 어림잡아도 일반 행정직이 300여 명을 훨씬 넘는데 IT 인력은 기껏해야 20여

명 남짓이다. 또한 항상 직원의 인력 부족에 허덕이고 있으며, 신규직원을 채용할 때면 대부분이 일반 행정직이다. 당신이 야구감독과 같은 행정의 감독이라면 팀을 어떻게 꾸릴 것인가. 내가 감독이라면 나는 행정인력의 절반은 IT 인력으로 채울 것이다. 야구의 투수진을 보강하는 것과 같은 이치이다. 운동장에서 뛸 수 있는 선수는 9명이고 투수는 그 9명 중의 한 명이다. 그래서 투수는 한명이면 족하다. 이것이 바로 아마추어 행정논리이다. 행정인력구조가 동네 야구 수준을 벗어나려면 국가대표 야구대표단의 투수가 13명씩이나 되는 이유를 생각해 볼 필요가 있다.

세기의 대결이라 할 만한 결승전에서 우리나라 임창용 투수의 마지막 승부구에 대해 논란이 일었다.

"제2회 월드베이스볼클래식(WBC)에서 일본과 연장 접전 끝에 아쉽게 패한 김인식 한국 야구대표팀 감독이 마지막 승부처에서 '사인 미스'가 있었다고 밝혔다.

김인식 감독은 24일(한국시간) 미국 로스앤젤레스 다저스타디움에서 열린 WBC 일본과 결승전에서 3 - 5로 패한 뒤 가진 기자회견에서 '10회초 위기에서 (스즈키) 이치로를 거르라고 사인을 보냈는데 왜 임창용이 승부를 했는지 모르겠다.'고 말했다. 그는 또 '고의사구는 아니지만 볼로 승부하다가 안 되면 거르라고 벤치에서 분명히 사인이 나갔고 포수 강민호도 그렇게 사인을 보냈는데 투수가 잘 이해를 못 한 것 같다.'고 말했다.

한국은 3 - 3으로 맞선 연장 10회초 2사 2, 3루에서 투수 임창용이 스즈키 이치로를 상대로 파울 4개가 나오는 상황에서 8구까지 가는 승부를 벌이다 중전안타를 맞아 뼈아픈 2점을 허용하고 말았다. 동점 상황이라 주자를 내보내 만루를 채운 뒤 다음 타자와 상대하는 것이 야구에서 일반적인 상황이었지만 임창용은 고집스럽게 승부하다 결정타를 맞고 말았다. 더구나 다음 타순에는 왼손 타자인 이치로보다 한결 손쉬운 오른손 타자인 나카지마였다.

　당시 상황에 대해 추가 질문이 이어지자 김인식 감독은 '포수가 바뀌어 나이 어린 강민호가 앉다 보니 사인이 잘 안 맞은 것인지…… 임창용이 왜 스트라이크를 던졌는지 알 수가 없다.'며 말한 뒤 '공에 자신이 있었던 건지도 모르겠고……선수 본인에게 물어보지 않아서 이유는 모르겠다.'고 말했다. 김 감독은 또 '그때 차라리 일어서서 고의사구로 거르라고 (명확하게) 지시하지 못한 것이 후회스럽다.'고 아쉬움을 감추지 못했다.

　이에 대해 임창용은 KBO 홍보팀을 통해 '사인을 제대로 보지 못했다.'고 밝혔다.

　그는 또 '이치로와는 승부하고 싶은 마음도 있었지만 마지막 공은 실투였다.'고 말한 뒤 '볼을 던지려 했는데 그만 가운데로 들어가고 말았다.'고 당시 상황을 설명했다. 한국야구는 이번 대회를 통해 수준 높은 경기력을 전 세계에 알렸지만 마지막 최대 승부처에서 아쉬운 사인 미스로 일말의 미련을 남기게 됐다. [연합뉴스]"

결승전 마지막 승부는 감독과 투수사이의 사인 실수 논란을 남기고 이렇게 끝났다. 선수와 감독의 사인 하나가 얼마나 중요한 것인가. 야구장에 감독이 둘이 될 수는 없다. 야수들의 감독과 투수의 감독이 따로 있어 서로 다른 사람들의 사인을 받는다고 하면 야구의 작전이 가능하겠는가. 미국 대표팀은 우리나라 선수들보다 수십 배의 연봉을 받는 세계 최고의 메이저리거들로 구성되었다. 하지만 야구 종주국 미국은 선수들 간에 사인도 제대로 외우지 못하고 대회에 참가했다고 한다. 당연히 감독의 사인이나 작전이 제대로 먹힐 리 없었고 그 결과가 바로 성적으로 연결되었다.

행정과 IT는 한 팀으로 묶여야 한다. 한 팀이라 하면 한 지휘체계를 가진 조직 내로 편입된다는 것이다. 여기에서 한 팀으로 통합하고자 하는 것은 그 조직의 IT 전체를 말하는 것이 아니고, 해당 행정업무와 관련된 IT에 한해서 최대한 통합하자는 것이다. IT가

독자적 영역을 구축해야 하느냐, 행정부서와 통합되어야 하느냐 하는 것은 양자택일의 문제가 아니다. IT가 독자적 영역으로 존재해야 하는 부분은 계속 그 방식대로 존재해야 한다. 실제 통합이 진행된다면, 일반 행정부서에서 IT를 받아들이고 통합하는 것은 큰 어려움이 없을 것이다. 오히려 일반 행정부서는 IT와 한 팀을 이루어 하루라도 빨리 전력을 증강하고 싶을 것이다. 그러나 IT 분야 종사자는 그들이 펜을 다루는 사람들과 한 사무실에서 섞이는 것에 대해 대부분 회의적이다. 누군가 행정 현장에 IT 전문가가 필요하고 그들을 행정부서의 사무실에서 같이 일할 수 있도록 해달라고 하면 IT 부서의 대답은 한결같다.

"행정에서 필요한 것이 있으면 언제든 공문으로 요청하라. 그러면 우리는 최선을 다해 요구사항을 들어줄 것이다. IT는 항상 잘 도와주고 있다."

이 답변은 행정조직의 물리적 조직관계 또는 업무분장 상에서는 100% 옳은 얘기이다. 조직 간에 업무분장이 정확히 되어 있고, IT는 언제라도 행정부서를 도울 자세를 가지고 있다. 행정부서에서는 필요한 사항을 정확히 적어서 공문으로 요청하면 그들은 도와줄 것이다. 다만 전산업무를 요구하는 부서가 많으면 일 처리의 선후 문제에 따라 시간차는 있겠지만 언젠가는 요구사항은 해결된다. 행정과 IT가 일정 간격을 두고 독립적으로 운영되는 시스템도 큰 문제없이 서로 잘 협조할 수 있다.

하지만 과연 그들 사이에는 아무 문제없이 잘 협조가 되고 있고, 최선의 조직체계를 구축하고 있는 것일까? 이에 대한 답을 찾기 위해서는 서로의 관계에 대해 한번 더 숙고할 필요가 있다. 행정과

IT와의 관계 핵심은 바로 '부서 간 협조'라는 말속에 녹아 있다. 이 말을 좀 더 새겨 보면 양자는 서로 다르다는 전제로부터 출발한다. 행정과 IT는 한 가족이 아니고, 서로 이웃사촌지간인 것이다. 양자가 서로 다른 것은 당연한 것인데 새삼 이를 강조하는 것 자체가 엉뚱할 수도 있다. 하지만 양자가 서로 한 가족이 될 수도 있다는 점을 아예 포기하고, 양자는 서로 다른 가족이라는 전제조건에서만 본다면 중요한 해결의 실마리 하나를 놓치는 것이 될 것이다. 많은 경우 문제 해결의 열쇠가 자신이 당연하다고 믿는 것 속에 답이 있다. 그래서 너무도 당연한 것조차도 낯설게 바라볼 필요가 있는 것이다.

일반적 문제 해결방법은 행정과 IT가 서로 다른 가족이라는 것을 당연한 전제로 받아들이고, 협조관계에서 문제점을 찾고 해결하고자 한다. 양자 간 협조시스템은 잘 구축되어 있는가, 협조가 잘 되지 않는 원인은 무엇인가 등과 같은 관점이다. 이러한 접근방법은 양 부서가 가끔 회식자리를 만들어 서로 어깨동무하고 잘해 보자는 식의 협조체계를 구축한다. 회식 후 한동안은 양자가 서로 잘 해보려고 노력할 것이고, 상대방의 협조요청에 좀 더 부드럽게 대할 것이다. 그리고 얼마간의 시간이 흐르면 다시 예전으로 되돌아가고……서로 뜸해질 때쯤이면 다시 회식하고……이런 협조관계의 반복이 될 것이다. 갈등의 해결이 아니라 갈등의 진폭이 시간의 흐름에 따라 반복될 뿐이다.

협조를 이끌어 내기 위한 또 다른 방법으로는 윗선을 통한 협조 압력을 넣는 방법도 동원된다. 이러한 경우는 문제가 더 꼬일 가능성이 크고, 원하는 일의 결과를 얻기가 쉽지 않게 된다. 회식하고 나서 어깨동무 한번 하거나 윗선의 정책적 협조의지에도 실무진의 협조가 잘되지 않는 경우는 부서의 실무진 중심으로 태스크포스팀을 구성하기도 한다. 태스크포스팀은 특정한 일을 추진하는 데 부서 간 벽을 넘어 강력한 추진력을 발휘할 수가 있다. 그러나 정상적 조직범위 내에서 추진할 수 있는 업무임에도 태스크포스팀으로 해결하고자 하는 것은 장기적으로 조직에 바람직하지 않다. 협조가 잘되지 않는 조직적 원인을 찾아 치유하는 것이 훨씬 바람직할 수 있다.

행정과 IT라는 육지 사이에는 상당히 큰 바다가 존재한다. 그 바다 속에는 수많은 열쇠 ― 수강신청시스템의 불편을 해결할 열쇠, 행정절차를 간소화할 수 있는 개선의 열쇠, 교수와 학생을 좀 더 적극적으로 연결시킬 수 있는 열쇠, 강의실의 활용 효율을 높일 수 있는 열쇠, 예산을 절감할 수 있는 열쇠, 연구역량을 강화할 수 있는 열쇠, 타 대학과의 교류를 활성화할 수 있는 열쇠, 대학 경쟁력을 높일 수 있는 열쇠 ― 가 있다. 무엇보다도 바다 속의 열쇠 중 가장 중요한 보물은 바로 '정보(Information)'이다. 행정과 IT 부서 사이에는 엄청난 정보의 바다가 존재한다. 우리는 행정과 IT라는 육지에서 배를 타고 정보의 바다에 나아가 간혹 낚시질로 정보를 건져 올린다. 그러나 정보의 바다에는 낚시나 그물로 끌어올리는 것 이상의 엄청난 양의 정보가 잠재되어 있다.

행정과 IT 관계가 단순한 '협조관계'로만 설정되고, 이러한 관계에서의 해결방안은 미봉책에 불과하다. 서로의 땅덩어리는 좁아지고, 아무도 관리하지 않는 바다는 넓어지고 있다. 빙하가 서서히 녹고 있음은 하루 이틀의 변화로는 알 수 없다. 10년 전, 20년 전 극지의 사진을 놓고 보면 지구의 온난화로 빙하가 얼마나 사라졌는지,

해수면이 얼마나 높아졌는지 실감할 것이다. 빙하가 서서히 녹아 지구를 변화시키듯, IT가 행정의 바다를 서서히 넓히고 있음을 인식해야 한다. 이러한 변화에 좀 더 적극적이고 근본적인 대책을 세워 바다를 개척하고 관리해야 한다. 그러기 위해서는 당연하다고 간과한 전제조건인 '행정과 IT는 서로 다르다.'는 생각부터 낯설게 보고 다시 검토해야 한다.

IT의 변화를 좀 더 자세히 들여다보자. IT는 말 그대로 '정보'와 '기술'이다. '정보와 기술', '정보와 전산', '정보를 다루는 기술' 등 어느 방식으로 IT를 표현하더라도 '정보(I)'와 '기술(T)' 두 단어로 요약된다. 과거에는 IT가 I(Information)보다는 T(Technology)의 개념이 강했다. 즉 정보보다는 전산(電算)이라는 개념이 강했다. 시간을 좀 더 거슬러 올라가면 T는 지금의 전기기술과 같은 위상이었다. 전기기술자는 각 행정부서에 전력을 공급하고, 낡은 형광등을 교체한다. 그들에게 필요한 기능은 부서의 업무와는 거의 상관이 없는 독립적인 것이었다. 행정(Administration)의 시각에서 과거의 전산 담당자는 이와 같은 전기기술자와 별반 다를 것이 없는 위치에 있었다. '행정을 한다.'는 것은 바로 사무실에서 펜으로 일한다는 것을 의미했고, 전산이나 전기는 보조적 수단이었던 것이다.

변화의 시작은 I(Information)로부터 시작되었다. 기술의 발전으로 행정의 정보가 하나씩 하나씩 디지털화되었고, 정보의 관리 기술 또한 눈부시게 발전하였다. 종이와 펜, 행정가의 기억이나 노하우 속에 녹아 있던 행정정보가 컴퓨터의 하드웨어 속으로 변환되어 저장된 것이다. 이제는 행정을 사람에게서 배우는 것이 아니고 컴퓨터 모니터를 통해서 배운다. 이는 과거 행정의 보조수단으로 인식되던 전산기술(T)이 뛰어난 실력으로 행정정보를 새로운 차원으로 변화시킨 덕분이다. T는 행정(A) 안에 포함되어 있던 정보(I)를 새로운 방식 – 디지털화된 관리가능한 방식 – 으로 전환시켰고, 이 디지털 정보(I)는 A와 T 사이에 새로운 바다를 만들고 있다. 이 과정은 마치 온난화로 인해 빙하가 녹아 바다의 수위를 높이는 것과 닮았다. T의 발전은 점점 더 많은 I를 만들어 내고, A 대륙과 T 대륙 사이의 바다 수위를 높이고 있다. A와 T 사이에 위치한 정보의 바다가 어떻게 관리되어야 하고, 누구의 영역인지는 아직 명확하지 않다. 하지만 영역이 분명치 않은 이 정보의 바다는 대체로 T의 관리영역 안에 있다고 보는 것이 맞을 것 같다. 소위 '전산원(I)'이라 불리던 곳이 이제는 '정보전산처(IT)'으로 명패를 바꾸어 다는 현상들이 하나의 증거가 될 수 있겠다. I가 T의 영역이 되기 쉬운 것은, 디지털화된 정보(I)의 속성이 일반 행정(A)보다는 T와 결합하기 쉬운 구조로 되어 있기 때문이다.

오늘날의 행정구조는 새롭게 출현한 I 내지는 IT를 어떻게 다루어야 하는지가 큰 과제가 되었다. 새로운 정보의 바다는 T를 통해 A를 녹여서 만든 합작품이고, A의 것도 T의 것도 아닌 공유하는 바다이다. 하지만 공유지역은 아무도 관리하지 않으면 버려진 땅이 될 수밖에 없다. 오늘의 행정환경을 냉정하게 되돌아본다면, 바다를 경영할 배가 준비되어 있지 않다. 가끔 나룻배만 오갈 뿐이다. 준비되지 않은 행정은 해변에서 발만 동동 구르고, 그저 망망대해만 바라봐야 한다.

과거의 행정을 육지의 시대라 한다면 미래는 바다의 시대이다. 육지의 시대에는 자동차를 만드는 기술을 가진 사람, 잘 달리는 사람이 필요하고, 정보의 바다에서는 배를 만드는 기술을 가진 사람, 수영에 능숙한 사람이 필요하다. 아직도 행정직이라고 하면 펜과 컴퓨터를 잘 활용하는 능력, 의사소통이 가능한 외국어 실력 등을 주로 생각하게 된다. 하지만 나는 '펜을 굴리는' 능력이 정확하게 무엇을 의미하는지 잘 모를 뿐만 아니라, 행정직의 채용조건이 이러한 전통적 기준의 범주를 벗어나지 못하는 현실이 안타깝다.

IT 시대의 행정은 어떠해야 하는가? 먼저 위에서 제시한 바와 같이 행정과 IT를 조화시키고자 하는 생각의 전환 — 양자를 하나로 보고자 하는 생각, IT가 행정의 핵심으로 자리 잡은 현실을 인정하는 것 — 이 필요하다. 그리고 지금 실천하는 것이다. 정보의 바다를 경영할 체제로의 실천방안은 행정구조와 인력구조 측면에서 마련되어야 한다. 더 이상 IT 인력이 행정에서 멀리 떨어져 있는 고립된 섬에 남아 있으면 안 된다.

행정구조의 개선은 IT 부서의 재편에서부터 출발해야 한다. IT 부서에서 포괄적으로 관리하는 행정정보(I)를 정교하게 분리해 해당 행정부서로 다시 보내져야 한다. 마치 우주의 빅뱅처럼. 빅뱅 이후의 IT 부서는 정보관리 기술을 중심으로 한 본질적 업무 중심으로 재편될 것이고, 일선 행정부서는 본래 자신의 행정정보(I)를 통합하여 온전한 모습을 갖추게 될 것이다. 빅뱅의 과정은 IT 부서 내부자만이 해결할 수 있다.

IT의 빅뱅은 반드시 인력구조의 개선과 함께 이루어져야 한다. 행정부서는 빅뱅으로 분리된 행정정보를 관리하는 전문인력이 필요하다. 이 전문가는 행정마인드를 바탕으로 IT 관리능력을 갖추어야 한다. 행정요구능력이 달라진 것이다. IT 행정능력과 정보로 보강된 새로운 행정부서는 자체에서 강력한 시너지효과를 발휘할 것이다. 더불어 빅뱅의 진원지인 IT 부서는 인력구조를 슬림화하고, 본질적 업무에 충실할 수 있으므로 그 조직의 전산 인프라는 더욱 강해질 것이다. 이것이 T(Technology)의 발달로 변화된 새로운 행정 환경에서 살아남는 생존전략일 것이다.

행정이 IT와 조화를 이루려는 노력과 구체적 실천이 시급하다. 실천의 전 단계는 현실을 정확하게 인식하고 공감하는 것이다. 이미 누구도 통제하지 못하는, 시스템의 지배 아래 놓인 행정 현실을 인식하지 못하는 자체가 더 큰 문제이다. 행정 현실을 인식하고 공감하는 그 자체만으로도 희망은 있다.

공감한다면, 행정조직을 새로운 서비스에 대응하는 행정조직으로 지금 바꾸자. 이는 단순히 일반 행정과 전산직이 잘 협조하거나 통합하는 형태의 물리적 변화만을 말하는 것은 아니다. 행정조직의 특성 자체가 변화해야 한다. 더불어 지금까지와는 전혀 다른 새로운 행정직군 – 양자가 결합된 AIT(AIT = Administration+IT) 직군 – 의 필요성을 깨닫고 이러한 인력을 양성해야 한다. 행정(A)과 정보기술(IT) 부서가 고립된 섬처럼 존재하면서 서로 협력관계를 유지하면 해결될 것으로 보는 것은 큰 착각이다. 새로운 행정가는 일반 행정과 IT를 접목시켜 새로운 서비스를 창출하고, 수요자에 대해서도 즉각적으로 반응할 수 있을 것이다.

　행정과 IT의 조화가 필요한 점을 여러 관점에서 설명하였으나 행정 현장 일선에서 피부로 느끼는 절실함에 비하면 부족한 감이 있다. 아마도 비슷한 행정구조를 가진 행정인이라면 공감할 수 있을 것이다.

　행정과 IT의 부조화는 그대로 놔두면 갈수록 양자 간의 거리가 점점 멀어지고, 그 거리만큼 병은 더 깊어질 것이다. 행정조직체 내에서 이러한 부조화 병의 증상은 쉽게 느껴지거나 만져지지 않는다. 이 병은 조직체 내에서 서서히, 그리고 광범위하게 진행되어 조직을 무기력하게 만든다. 하지만 이 병이 부조화 병이라는 것을 알아차리고 처방하기란 쉽지 않고, 조직의 병이 깊어져 갈수록 잘못된 처방을 내리는 경우가 많다.

　총장과 신입생 학부모와의 대화에서 어느 학부모가 수강신청시스템을 개선해 달라고 공개적으로 건의했다. 또 많은 학생이 수강신청에 대해 여러 개선방안을 건의해 온다. 수강신청은 수강을 원하는 학생들과 제한된 교과목 수강인원을 연결하는 과정이기 때문에 모든 사람이 만족할 수 있는 최적안은 없다. 그래서 항상 수강신청시스템 개선요구가 끊이지 않고, 대학이 존재하는 한 이 문제는 항상 개선 중인 현재진행형의 업무일 것이다. 총장에게 건의했던 학부모의 구체적 요구사항은 대강 이런 내용이다. '현재와 같은 인터넷을 통한 선착순 방식의 수강신청은 서울과 멀리 떨어진 지방에 있는 학생이 고향에서 수강신청시스템에 접근하는 데 불리하다. 수강신청시스템도 개선하고, 근본적으로 수강을 원하는 학생은 공급을 늘려 달라.'라는 것이다.

수강신청시스템에 답답해하는 학부모의 의견을 받아들여 시스템을 개선하려고 한다면 담당부서에서는 어떻게 대처할 것인가? 행정조직과 IT가 조화를 이루지 못한 경우, 즉 부조화 병이 있는 경우 이러한 개선요구에 대처하는 방식을 잘 살펴볼 필요가 있다. 이 업무의 행정적 담당부서가 수업팀이라고 하자. 수업팀은 수강신청 관련 업무를 총괄해서 개선방안을 내 놓고 자체적으로 해결가능한 것이면 부서 내에서 해결하려 노력할 것이다. 하지만 개선요구사항을 자세히 들여다보면 일반 행정(A)인지 전산기술(T)인지 경계가 분명하지 않다. 개선업무의 영역은 아마도 일반 행정(A), 전산기술(T), 그리고 정보(I)가 혼합된 새로운 형태(AIT)라고 파악하는 것이 정확할 것이다. 그러나 본 업무를 주관하는 수업팀은 AIT 형태의 업무를 자체 내에서 해결할 기능을 갖추고 있지 못하다. 수업팀은 일반 행정(A)의 업무능력을 갖추고 있고, IT에 관련한 사항은 다른 부처에서 전담하고 있다. 개선요구사항은 일반 행정부서와 IT 부서 사이의 바다에 존재하는 것이다. 물론 양 부서의 바다 사이에 존재하는 업무라 하더라도 관례적으로 해결가능한 것들은 양 부서의 협력하에 순조롭게 진행될 것이다. 하지만 큰 변화, 때로는 혁신이라 부를 정도의 변화에 대해서는 관례적 방식으로는 해결이 어렵다. 이 경우 문제 해결을 위해 선택하게 되는 방식이 Task Force Team(TFT)이다. 이렇게 해서 꾸려지는 TFT는 당연히 양 부서 실무자들 중심으로 꾸려지게 되고, 몇 달 동안의 연구를 거쳐 보고서를 내놓게 된다. 그러나 이 보고서에 담긴 내용은 대체로 그동안 제기된 문제와 논의되었던 해결방안을 정리한 정도의 수준일 가능성이 크다. 더구나 여기까지는 실행단계가 아니고 개선방안을 탐색하는 실행 예비단계이다. 문제개선을 위한 실행단계에 이르기 위해서는 TFT의 보고서를 바탕으로 실행을 위한 의사결정과정이 필요하다. 이 정도까지의 논의가 진행될 때쯤이면 아마도 애초에 문제가 제기된 내용(예를 들면 수강신청시스템 개선요구사항과 같은 문제)은 경영자 층이나 실무진의 기억 속에서 거의 잊혀 가는 문제가 될 것이다. 결국 명확한 업무책임과 소신을 가진 행정조직이 아니고서는 이 단계쯤에서 개선의지는 흐지부지될 가능성이 크다.

다시 원점으로 돌아가서, 수강신청시스템 개선이라는 사안이 단한 발짝도 개선이 이루어지지 않고 왜 몇 달 후에 흐지부지되고 마는가? 그 사이에는 행정과 IT의 부조화라는 근본적 문제점, 그 문제점을 TFT라는 해결방식으로 접근하고자 하는 점, TFT가 가지는 근본적 한계, 시간의 지연에 따른 개선 목표의 실종 등 고질적 문제점이 포착된다. 업무주관을 하는 수업팀에서 수강신청시스템이라는 IT를 주관하고 있지 못하고, 부서 간 협조관계로 설정됨으로써 여러 우회경로를 통해야 하며, 그러는 동안에 정보의 손실, 시간의 지연이 발생한 것이다.

행정과 정보기술이 조화를 이루지 못한 조직은 양자가 융합된 새로운 행정서비스(AIT) 영역내에 문제가 발생했을 때 조직 내부에서 뜨거운 감자를 돌리듯 서로 책임을 회피할 가능성이 크다. 수업팀은 IT의 비협조를 탓하면서 자신의 책임을 회피할 것이고, IT 부서는 수업팀의 요구에 소극적으로 대처하면 그만이다. 양 부서는 넓은 바다에 떠 있는 고립된 두 섬과 같고, 요구사항은 그 바다 속에 빠져 허우적댈 것이다.

　수강신청시스템의 개선요구사례에 대해 너무 비관적으로 시나리오를 쓴 것이 아닌가 할 수 있다. 그러나 불행히도 내 경험에 비추어 보거나 대학의 일반적 행정구조를 고려하면 이러한 일들은 매우 흔한 현상이다. 하지만 행정조직은 뭔가 잘못되어 가고 있더라도 잘 느끼지 못한다. 행정조직이라는 거대한 괴물은 해결해야 할 행정문제의 인식, 해결 과정, 결과를 끝까지 일관된 시각으로 추적할 눈과 귀를 갖추고 있지 못하다. 해결과제가 행정시스템 틀 속으로 들어가면 고객의 시각은 사라지고, 행정의 논리만 남는다. 학생이 인터넷으로 수강신청하는 과정에서 배정방식에 대한 불합리성을 지적하거나 좀 더 편리한 인터넷 사용자 기능을 요구한다면 행정은 이에 귀를 기울여야 한다. 하지만 행정 내부에서는 더 이상 학생에게 귀를 기울이지 않는다. 업무와 연관된 부서의 논리를 더 크게 듣는다. 정보기술(IT) 부서는 '수강시스템의 편리성보다는 안정성이 중요하고, 다른 더 시급한 문제들이 산적해 있는데 편리성 개선을 위해 인력을 투입할 여력이 없다.'는 논리로 접근할 것이다.

　고객과 얼굴을 맞대고 현장에 있는 사람들은 많은 경우에 이미 행정을 움직이는 실체가 더 이상 아니다. IT 특성으로 변한 행정업무의 실체가 행정 현장으로부터 어디론가 다른 곳으로 옮겨 가고 있다. 그곳은 바로 행정 현장으로부터 멀리 떨어진 외딴섬 속의 IT 부서이다. 거의 주요한 행정정보, 행정을 움직이는 시스템 등은 이미 행정 현장에 남아 있지 않다. 총장실, 기획처, 교무처는 가 봐야 책상과 컴퓨터, 종이밖에 없다. 그들이 하고 있는 모든 것들은 그들 책상 앞에 놓여 있는 컴퓨터 선을 따라 모두 정보전산처로 흘러들어 갔다. 정보전산처는 모든 부서의 행정정보의 저장기능뿐 아니라 행정의 지식과 노하우를 고스란히 간직하고 있다. 오늘날의 행정이라 하는 것은 전산 프로그램이라는 말과 거의 동일시되어 가고 있고, 모든 부서가 하루아침에 없어진다 해도 정보전산처는 모든 것을 다시 복구해 낼 능력을 갖추고 있다. 조금 과장해서 표현하면 행정 현장의 사람들은 전산처 프로그래머 손끝에서 움직이는 꼭두각시일 뿐이다. 행정현장의 사람들은 이제 자기 부서의 '일이 되게끔' 하기 위해서는 어느 부서와 협조관계를 유지해야 하는지 잘 안다. 아무리 총장이 지시하고, 외부의 민원이 들어와도 프로그래머가 이해되지 않는 일은 실행되지 않는다. 행정이 정교한 IT 덕분에 몇 사람의 손끝에 올려져 있는 것이다. 하지만 IT로 변화하여 밀려드는 모든 행정을 그들이 수용할 수 있는 한계를 이미 넘어섰다. 이러한 결과는 그 몇 사람에 해당하는 프로그래머도, 다른 어떤 행정가도 원하는 상황이 아니다. IT에 따른 행정변화를 수용하지 못하는 과거의 낡은 행정조직이 만들어 낸 기형적 행정판도일 뿐이다. 행정은 전산프로그램으로 바뀌었고, 누구도 통제하지 못하는 전산프로그램의 지배 아래 놓인 것이다. 시스템이 세상을 지배하는 소설 속의 모습이 현실화 되고 있다.

"강의계획서 담당이 누구세요?"
"지도교수제는 담당이 누구세요?"

"수강신청은 담당이 누구세요?"

누군가 이런 질문을 해오면 선뜻 담당자가 누구라고 말할 수 있는가. 강의계획서에 대해 안다고 하기도, 관련이 없다고 하기도 애매하다. 지도교수제도를 담당한다는 것의 범위는 어떤가. 수강신청 담당이라고 하면 어디까지 알아야 하고 책임을 져야 하는가.

각 부서의 발전전략을 보자. 어느 부서의 발전전략인지 구분할 수 있는가? 그리고 어림잡아 해당 부서를 맞추었다고 하더라도 과연 이 발전전략이 그 부서만의 발전전략이라고 할 수 있을까?

√ 교육 및 행정지원시스템의 효율적 운영

√ 국제화 전략

√ 대학 자체평가 결과활용

√ 연구기반 환경 개선

√ 연구활성화를 위한 학문소통의 장 마련

√ 예산의 분권화

√ 우수교원 및 대학원생 확보전략

√ 재정자원의 효율적 운영

√ 재학생진로개발시스템구축

√ 캠퍼스 마스터플랜 구축

√ 홈페이지 개편

일의 성질이 변하고 있다. 지금의 행정단위는 수박껍데기에 줄을 그은 것에 불과하다. 수박의 본질은 줄쳐진 껍질이 아니라 붉은 속살이다. 지금 행정 담당자의 손에는 수박 껍질만 남아 있을 뿐이다.

컴퓨터는 인터넷을 통해 정보의 바다로 나아갈 수 있는 열린 세상을 만든 것처럼 보인다. 하지만 컴퓨터는 사람들을 틀 속에 가두어 버렸다. 특히 행정정보시스템은 정보의 바다라는 말보다는 벌통 속에 갇힌 세상이라고 보는 것이 더 적합할 것이다. 모든 행정정보는 정보전산처의 깊숙한 곳으로 모두 흘러들어 갔고, 행정부서에서 볼 수 있는 것은 그들에게 관련된 아주 제한된 것에 한정된다. IT 기술은 이제 부서단위를 넘어 개인별로 정보를 제한하는 단계까지 이르렀다. 같은 사무실에 앉아 있으되 너와 내가 보는 행정정보시스템이 서로 다르다. 개인은 자신의 컴퓨터와 메인서버로 직접 연결되어 통제되고 개인 간 연결고리는 끊어져 있다. 행정조직은 옆 동료 간에 무엇을 하고 있는지 서로 알 수 없는 하나의 점들로 연결된 조직으로 변했다. 행정가는 이제 자신의 벌통에서 컴퓨터가 지시하는 것을 열심히 처리하는 일벌이 되었고, 벌통의 깊숙한 곳에는 일벌들이 모은 꿀이 담긴 꿀단지처럼 IT 정보가 존재한다. 일선 행정부서(수업팀)와 IT 부서가 한 벌통 속에 있지 않으면, 즉 행정과 IT가 조화를 이루지 못하면 일선에서는 여러 문제를 일으킨다.

"강의계획서를 올리려고 하는데 교과목명이 보이지 않습니다."

"수강신청을 하는데 컴퓨터가 멈춰 버렸습니다."

"학생상담시스템에 상담시간을 입력해 놓으면 학생들에게 보이나요?"

수업팀에 교수나 학생으로부터 전화가 와서 위와 같은 질문들을 하면, 전화를 받은 직원은 이렇게 대답할 것이다.

"교수님(학생)이 보는 포탈시스템이 제가 보는 것과 달라서 정확히 어떤 현상인지 잘 모르겠습니다. 혹시 아이디와 비밀번호를 주시면 같이 한번 들어가서 확인해 보죠."

이처럼 대답하는 직원은 남의 아이디, 비밀번호를 달라는 무례(?)를 빼놓고는 최선을 다해서 해결해 주려는 노력을 보이고 있다. 하지만 결국 본인이 아이디와 비밀번호를 받아서 민원인의 문제를 같이 공감한다 해도 그 선에서 해결되지 않는다. 해결되지 않은 그 문제는 자신의 영역 밖의 여러 시스템과 얽혀 있고, 자신은 그것을 볼 수도 접근할 수도, 시스템이 어떻게 연결되어 있는지도 알 수 없기 때문이다. 그래서 민원인과 땀을 뻘뻘 흘리면서 설명하고 나서 이렇게 대답하는 수밖에 없다.

"교수님(학생), 이 문제는 제가 전혀 도와드릴 수가 없는 것 같습니다. 전화를 끊으시면 제가 정보전산처에 알아보고 나서 다시 전화 드리겠습니다."

이 문제는 그나마 친절하고 경험 있는 직원의 경우이다. 자신의 일에만 원칙을 지키는 경우, 즉 자신의 벌통 내에 들어온 일감만 충실히 소화하는 경우는 이러한 전화에 자신이 해결할 일이 아님을 알고 바로 옆의 직원에게 전화를 돌린다. 옆의 직원도 혼자 감당해서 해결될 문제가 아니기에 또 다른 직원에게 돌린다. 그러는 사이에 민원인은 원하는 답을 듣기 위해 수차례 다른 직원에게 똑같은 상황설명과 질문을 해야 한다. 그리고는 결국 해답은 받지 못하고 행정부에 대한 불신만 쌓이게 된다. 누구도 원하지 않는 상황이 발생되고, 이러한 일들은 일상적으로 벌어진다.

　우리 대학은 매 학기 4,000여 개 이상의 강좌가 개설되고, 과목별 수강인원이 16만 명에 이른다. 교과목이 개설되기까지의 과정, 개설 교과목과 16만여 건의 수강수요를 조합하는 과정은 대학교육 행정 분야에서 중요한 일 중의 하나이다. 그 중에서 교과목 개설과정은 제한된 강의실 현황, 교수들의 강의시간 선호도, 교과목 간 중복방지 등 여러 조건을 고려하여 최적의 조합을 찾아야 한다. 각 단위(단과대학 또는 학과)에서 이러한 과정을 거쳐 개설되는 교과목은 컴퓨터와 연결된 선을 따라 차곡차곡 한 곳의 데이터베이스에 저장된다. 일벌이 열심히 꿀을 날라 자신의 벌집 속으로 가져가 꿀을 만든 것이다.

　이렇게 모인 교과정보는 어떻게 관리되고 활용되는가? 행정과 IT가 조화를 이루지 못하는 일반적인 경우를 보자. 개별 교과정보의 생성과 관리 주체는 일반 행정부서임이 틀림없다. 하지만 데이터베이스에 모인 교과정보의 관리 주체는 누구일까? 관점에 따라서 일반 행정부서가 관리 주체라고 하기도 하고, 정보전산처가 관리하는 것이 바람직하다는 의견도 있다. 어느 관점이 옳은지는 잠시 접어 두고 실제 행정 현장을 잠시 살펴볼 필요가 있다. 수업팀에서 강의실 활용률을 조사해 보고자 한다. 아마도 기본적인 활용률 정도는 행정 시스템에 프로그램화되어서 제공될 것이다. 하지만 좀 더 구체적인 정보나 다른 관점에서 분석해 보고자 할 경우에는 어떻게 할 것인가. 이 경우 수업팀은 정보전산처에 관련된 프로그램을 수정해 주도록 요청하거나 아예 원천정보를 받아서 분석할 것이다. 실제 다음과 같은 정보화 처리요청 문서는 일반 행정부서에서 정보전산처로 보내지는 일은 보편화한 것이고, 그 빈도는 갈수록 많아지고 있다.

수신자: 정보전산처장(전산개발부장)
제 목: 정보화처리요청(강의실별 활용률 보완)

1. 귀 부서의 협조에 감사드립니다.
2. 종합정보시스템 - 교과통계출력 - 강의실 활용률을 아래와 같이 검색조건을 추가하여 자료로 활용하고자 하오니 협조하여 주시기 바랍니다.
- 아 래 -
추가할 검색조건
1. 학부 / 대학원 선택(일반대학원과목이 배정된 강의실은 대학원으로 분류)
2. 전체(1교시～8교시 전체)와 1교시부터 8교시까지 교시별 선택. 끝.
교무처장

수업팀의 요구로 프로그램이 수정되면, 수업팀은 정보를 이전보다 좀 더 다양하게 살펴볼 수 있을 것이다. 하지만 이 또한 수많은 정보의 양이나 다양한 분석방법에 비하면 매우 제한적이다. 조금 각도를 바꾸어 분석해 보고자 한다면 정보전산처에 문서를 또다시 보내야 한다. 같은 프로그램을 두 번씩 수정해 달라고 요청하는 것은 업무에 대한 상당한 열정이 있는 경우이다. 대부분은 한 번의 프로그램 수정요청도 정보전산처와의 관계를 고려해서 사전에 전화하고 요청을 한다. 두 번째 수정요청은 집착에 빠진 사람으로 취급받기 쉽고, 이제 그만하라는 무언의 압력을 받을 가능성이 크다. 또한 문서에 의한 행정은 시차가 발생하기 때문에 정보가 필요한 시기를 지나서 도착하는 경우가 많다. 그래서 프로그램 수정 요청을 통해서 일반 행정부서에서 원하는 시기에 정보를 시원하게

100% 들여다보고 분석하는 것은 여간 어려운 것이 아니다. 원천정보를 받아서 분석하는 경우도 어려움은 마찬가지다. 정보를 분석하다 보면 필요정보가 더 늘어나게 된다. 이 경우 정보를 하나 더 추가하면 모든 정보를 처음부터 다시 분석해야 한다. 더욱 난감한 상황이다. 이처럼 정보에 대한 정보전산처와 일반 행정부서와의 거래관계는 갑과 을의 관계가 된다. 결국 일반 행정부서와 정보전산처 간에 적정한 선에서 타협이 이루어진다. 정보의 바다는 그 깊이가 수천 리인데 우리는 백 리도 채 들여다보지 못한다.

'정보화처리요청'과 같은 문서언어로만 의사소통이 되는 행정구조의 부작용은 생각보다 더 심각하다. 친구 또는 가족 간에 공통의 관심사에 대해 논의하면서, 서로 문서로만 의견을 주고받는다면 대화가 되겠는가? 정보의 흐름을 방해하는 이러한 행정조직체계는 혁신의 씨앗들을 맷돌로 꽉꽉 눌러 놓는 것과 같다. 정보란 떡메를 치듯이 이리 뒤집고, 저리 뒤집고, 누르고, 치고 해야 한다. 그렇게 해야 쫄깃쫄깃한 떡을 맛볼 수 있다. 누가 반죽도 하지 않고 떡을 만들겠는가. 행정정보가 시스템 속에 갇혀서 정해진 틀로만 볼 수밖에 없는 구조이면 그 조직은 이미 혁신이라는 단어는 사전에서 지우는 것이 좋을 것이다.

행정정보는 필요한 곳이 있어야 한다. 정보기술의 도움으로 본래 자신의 책상 위에 서류로 보관되던 정보가 디지털화되어 어딘가에 다른 형태로 보관되었다. 일의 본질은 변함이 없으나 정보가 원래 있어야 할 곳에서 다른 어디론가로 옮겨진 것이다. 그리고 이제는 자기 정보를 보려면 다른 부서를 거쳐서 부탁해야 한다. 더구나 최근에는 정보보호에 관한 규제가 강화되어 이제는 업무상 자기 정보를 활용하고자 해도 정보 관리 부서에서 정보보호법을 내세워 정보를 쉽게 내주지 않는다. 자기 정보를 보는 것 자체가 죄가 되는 것이다. 물론 이러한 현상은 변화된 행정정보의 성질을 따라가지 못하는 행정조직의 구조적 문제에서 비롯된 것이다.

어떻게 변화할 것인가? 부차적인 문제들을 배제하고, 단순하고 기본적인 접근방법을 택할 필요가 있다. 자기 정보는 스스로 관리하도록 하는 것, 즉 각자의 행정부서에 본래 자기 정보에 해당하던 것들을 되돌려 주는 것이다. 물론 이러한 자기 정보를 다룰 기술도 함께 말이다. 덩치 큰 바보 조직은 새로운 환경에 맞게 신속히 변화하여 적응할 수 있는 능력이 부족하고, 잘못된 것을 알아도 스스로 치유하지 못한다. 조직 속에 있는 사람들은 큰 덩치의 위력에 눌려서 자신의 생각이 맞는지 확신하기 어렵다. 설혹 확신을 한다 하더라도 바보같이 힘센 조직을 당해 낼 재간이 없다. 다만 하늘이 주는 기회를 포착하는 수밖에 없다. 그나마 하늘이 준 기회라 하더라도 변화의 목표를 놓지 않고 기다리고 준비하지 않으면 기회조차 없다.

나는 신행정인을 간절히 원한다. 전산직도 아니고 일반사무직도 아닌, 정보기술(IT)에 행정 현장(Administration)의 경험을 합한 진정한 'AIT형 행정인', 그가 바로 신행정인이다. 그는 행정의 바다를 경영할 새로운 주인이다.

그리고 또 하나, 지금의 정보기술 행정환경에 맞게 행정인력구조를 변화시키자. 그러나 인력구조의 시차를 극복한다는 것은 쉽지 않을 것 같다. 행정인력구조의 변화는 최소 몇 년부터 몇십 년까지의 장기간에 걸친 파장을 가지고 있어, 단기적 인사정책의 관점에서는 잘 드러나지 않기 때문이다. 이는 해안가에 앉아 있으면 파장이 짧은 파도는 금방 알아보지만 파장이 큰 지진해일은 잘 보이지 않는 것과 마찬가지다. 따라서 지금의 업무환경과 인력구조의 시차를 극복하기 위해서는 시대를 앞서 미리 대비하고 그에 적절한 처방을 해야만이 가까운 미래의 업무환경에 어느 정도 근접할 수 있을 것이다.

정보기술의 환경변화에 좀 더 신속히 대응하자. 정보기술의 발전속도가 워낙 빨라 이에 따른 행정환경의 변화속도와 행정인력구조의 변화속도 경쟁은 토끼와 거북이 싸움이다. 그렇다고 토끼가 낮잠 자고 기다릴 것 같지는 않지만 최선을 다해 간격을 좁혀야 한다. 어쩌면 혁신이 필요할지 모르겠다.

제4장
조직의 의사결정 구조

행정은 생각을 담는 그릇이다. 사물의 형태는 그릇에 따라 바뀐다. 따라서 생각 이전에, 그 생각을 담는 그릇이 어떤 그릇인지 잘 살펴야 한다. 행정은 생각이 흐르는 길이다. 땅에는 물길이 있고, 몸속에는 혈관이 있다. 물길이 막히면 물난리를 겪고, 혈관이 막히면 몸에 병이 난다. 행정이 막히면 조직의 생각이 막히고 왜곡된다. 행정이 흐르는 길을 잘 살펴야 한다.

행정은 생각을 창조한다. 생각과 생각이 만나고 갈라지면서 새로운 생각을 창조한다. 길이 있고 그 길을 따라 산업은 발전해 왔듯이 행정이 앞서 길을 만들어야 한다.

키다리 아저씨, 슬픈 피에로

총장이 학부모와의 소통을 통해 교육문제를 진솔하게 듣겠다는 생각으로 '총장 – 학부모 만남' 행사를 개최했다. 쉽게 만들어질 수 없는 자리이기에 학부모의 관심도 커서 행사장은 만원을 이루었다. 한 시간 동안 이어진 만남에서 많은 학부모가 총장에게 여러 가지 궁금한 사항과 질문을 던졌다. 그런데 많은 질문이 대체로 다음과 같은 수준이다.

"총장님, 내 아이가 충청도 학생인데 수강신청을 지방에서 하다 보니 서울 학생보다 인터넷 접속이 늦은 것 같습니다. 이건 불합리 한 것 아닙니까? 이에 대한 총장님의 생각을 말씀해 주시고, 대책 을 마련해 주세요."

과연 총장님이 수강신청시스템을 잘 이해하고, 전산에 관한 문제 를 그 자리에서 잘 대답할 수 있을까? 총장님은 옆에 배석한 정보 전산처장에게 마이크를 건넨다. 그렇지만 그 처장님에게서도 시원 한 답을 기대하기는 어려울 것이다. 이러한 질문은 전산담당 실무 자가 정확히 대답해 줄 수 있을 것이다.

원활한 소통을 위해서는 상대방의 대표성을 잘 이해해야 한다. 그렇지 않으면 대학을 대표하는 총장과의 만남이 이런 식으로 어 그러진다. 총장은 대학을 대표하는 가장 높은 자리위치에 있는 사람이다. 신입생 학부모들은 총장에게서 어느 누구보다도 대학에 대한 모든 것을 책임 있게, 그리고 정확하게 답변을 들을 수 있을 것이라고 기대할 것이다. 이는 총장이라는 대표성이 있기 때문이다. 하지만 이처럼 뭔가 소통이 잘 안 되고 있다고 느끼는 것은 상대방이 대표성을 잘못 이해하거나 기대하고 있기 때문이다. 사회 곳곳에서의 소통의 현장을 둘러보라. 같은 식의 질문과 대답이 오갈 것이다. 캠퍼스 내에서의 만남이라면, 이러한 질문에 해당 담당자를 통해 문제를 해결해 주도록 할 수 있다. 그렇지만 조직의 대표자는 어느 곳에서든 그 조직의 모든 것을 대표하고, 그 현장에서 대답해야 한다. 그리고 그 대답은 언론을 타고 기정사실화된다. 중요하고 무거운 정책들일수록 이러한 소통의 순환구조 틀 속에서 이루어지는 경우가 많다.

　가끔 TV에서 국회 청문회가 이루어진다. 신임 장관을 임명하기 위해 인물을 검증하는 청문회도 있고, 나라의 큰 문제에 대해 관계 장관 등을 불러 호통치는 청문회도 있다. 이때 청문회에 출석하는 장관은 기존의 장관일 수도 있고, 이미 문제가 된 장관을 경질하고 새로 임명된 장관일 수도 있다. 새로 임명된 장관은 그 조직의 수장으로서 업무경험이 거의 전부하다. 그럼에도 불구하고 청문회에서 질의를 던지는 의원들은 그 장관이 마치 모든 것을 알고 대변할 수 있는 능력의 소유자인 것처럼 대한다. 새로 온 장관이나 후보자는 '조직을 잘 모른다'고 하는 것이 어쩌면 솔직한 대답일 것이다. 하지만 질문을 던지는 의원들이나 국민은 새 장관에게 그만한 위치에 있기 때문에 '그 조직을 대표하는 자리위치만큼 모든 것을 알아야 한다'는 대표성을 부여한다. 청문회 대상자의 개인적 경험보다는 '자리위치'에 대한 기대가 큰 것이다.

조직은, 작게는 동료나 옆 사무실에서부터 크게는 국가나 세계를 상대로 소통을 해야 한다. 이때 조직 내의 일정한 자리위치에 있는 누군가가 해당 업무나 조직을 대표하게 된다. 총장은 대학을 대표하고, 장관은 해당 부처를 대표하는 외교관과 같다. 이 경우 조직의 자리위치와 업무의 대표성은 어떠한 관계가 있을까?

외부세계와의 소통을 위한 조직의 대표자는 외부의 기대치만큼 실질적으로 대표할 수 있는가? 조직의 자리위치에 따른 상대방의 기대치를 '명목적 대표성'이라 한다면, 실제 업무에 대한 상대방의 기대치를 '업무 대표성'라 부를 수 있겠다.

일반적으로 외부인은 상대방이 조직의 자리위치만큼의 권한을 가졌을 것으로 기대한다. 조직 내의 자리위치는 명목적 대표성과 비례하는 관계에 있는 것이다. 그래서 상대방은 조직의 실무자보다는 높은 직급의 사람을 만나고자 한다. 교육문제를 다루는 포럼을 개최한다면 행정 실무자보다는 교무처장이 참석하길 바라고, 연구문제를 다루는 포럼에서는 연구처장이 참석해 주길 바랄 것이다. 그리고 좀 더 큰 규모의 행사라면 처장보다는 총장이 참석하기를 원할 것이다. 조직 내에서 높은 자리위치에 있는 사람이 외부세계에 대한 대표성도 높아지는 상관관계를 가지는 것이다. 그래서 자리위치에 따른 명목적 대표성은 [그림 6]과 같이 비례하는 그래프를 그리게 된다.

반면, 조직 내에서는 자리위치가 높아질수록 실무에서 멀어지는 것이 일반적이다. 직급이 한 단계 올라가면 실무 보다는 다른 사람의 업무를 중간 결재해야 할 사항이 생기고, 그 부서의 장이 되면

구체적 업무보다는 그 부서의 모든 업무에 대한 '총괄'이 주 업무
가 된다. 실무보다는 리더로서의 역할로 바뀌는 것이다. 따라서 전
체 업무를 통찰하는 능력은 높아질 것이고, 조직은 중간관리자에게
서 이러한 통찰 능력을 기대할 것이다. 하지만 자리위치가 높아질
수록 실무능력은 낮아지는 것이 일반적이다. 그래서 자리위치에 따
른 업무대표성은 [그림 6]과 같이 반비례하여 감소하는 그래프를
그리게 된다.

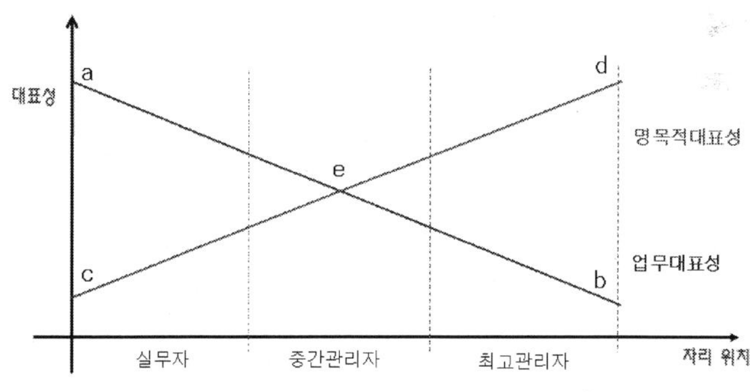

[그림 6] 자리위치와 대표성 관계

　　외부인과 소통하는 조직의 대표자는 실무자이거나, 중간관리자이
거나, 최고관리자 그룹 중의 한 사람일 것이다. 이때 외부인은 조
직을 대표하는 사람에 대해 [그림 6]의 a-e-d만큼 대표성을 부여
한다. a에서 e까지는 업무의 대표성이 명목적 대표성보다 우선하므
로 실무에 대한 기대를 더 하게 되고, e에서 d까지는 실무보다는
자리위치에 따른 권한의 힘인 명목적 대표성을 더 기대하게 된다.
외부인은 만나는 상대방의 자리위치에 따라 그 사람에게 기대하는
것이 다른 것이다.

이제 조직 내부인이 조직 외부인과의 소통하는 지점인 a－e－d 선상에서 벌어지는 소통의 모습을 그룹별로 좀 더 자세히 들여다보고, 소통이 어긋나게 되는 원인을 찾아보자.

첫 번째, 실무자 그룹에서의 소통이다. 조직을 대표하는 사람이 실무자라면, 즉 실무자가 외부 업체와의 업무 협의를 한다면 당연히 실무 업무에 대해서는 논의가 잘 된다. 하지만 명목적 대표성이 약하기 때문에 의사결정을 못 하는 단점이 발생한다. 그래서 실무 협의를 끝내고 각자 조직에 돌아가서 승인과정을 거쳐야 한다. 실무자가 대표자로 참석한 소통의 자리에서 서로의 대표성을 잘 이해한다면 이처럼 무리가 없고, 기대한 만큼 소통의 성과를 얻을 수 있다. 하지만 실무자에게 명목적 대표성을 기대하면 소통이 어긋난다.

두 번째, 중간관리자 그룹에서의 소통이다. 일반적 조직에서의 중간관리자는 충분한 실무능력을 갖추고, 어느 정도의 의사결정권한을 가진 두터운 허리 층이어야 한다. 그래서 자리위치와 대표성 관계에서 e 지점은 a나 d보다 낮지 않아야 정상이다. 그러기 위해서는 중간관리자 그룹이 되더라도 실무능력이 지속적으로 유지되거나 오히려 강화가 되어야 한다. 하지만 대학 행정에서의 중간관리자 그룹은 [그림 6]과 같은 그래프로 표현되는 것이 맞을 것 같다. 순환보직으로 실무에 대한 경력관리가 부족할 뿐 아니라, 자리위치가 높아질수록 실무에서 더 멀어지게 되는 것이 일반적 경향이기 때문이다. 그렇다면 중간관리자의 명목적 대표성은 어떠한가? 실무를 면제하고 업무총괄이라는 위치로 올라서면 당연히 해당 업무에 대한 의사결정권한을 가져야 한다. 하지만 이러한 권한의 부여는 극히 제한적이고, 권한의 대부분은 최고관리자에게 집중되어 있다. 결과적으로 대학 행정의 중간관리자 그룹은 실무 면제, 의사 결정권한 제한이라는 애매한 위치에 놓이게 된다.

세 번째, 최고관리자 그룹에서의 소통이다. 조직을 대표해서 외부와 소통하는 것은 최고관리자 그룹의 주 업무이고, 이 그룹에서의 대표성과 소통의 문제는 조직에 큰 영향을 미치는 중요한 사항이다. 따라서 조직을 대표하는 당사자나 소통의 상대방은 최고관리자 그룹의 대표성에 관한 특성을 잘 이해해야 한다. 그렇지 않으면 잘못된 의사결정이나 정책으로 말미암아 조직에 큰 손실을 줄 수 있다. 총장과 신입생 학부모와의 만남, 신임 장관의 청문회장에서 벌어지는 일들은 대표성에 대한 이해가 부족했기 때문이다.

외부와의 소통에 있어서, 그룹별 대표성을 이해하고 소통의 맥을 잘 짚어야 한다. 하지만 일반적 조직과는 달리 대학 행정조직은 내부의 소통을 가로막는 장애물이 하나 더 있다. 바로 각 그룹 간에 특히, 중간관리자와 최고관리자 사이에 서로 넘기 힘든 단절된 벽이 존재한다. 그래서 [그림 7]과 같이 그룹경계선을 기점으로 업무 대표성은 급격히 낮아지게 되고, 반대로 명목적 대표성은 수직상승하게 된다.

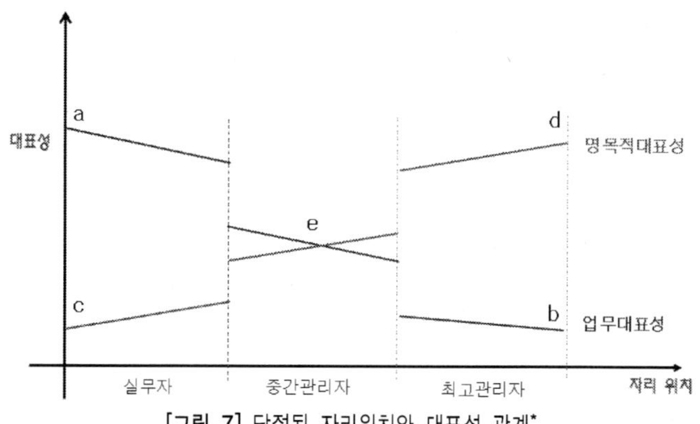

[그림 7] 단절된 자리위치와 대표성 관계*

대학 행정조직에서 중간관리자와 최고관리자 그룹 간 경계지점은 직원과 교수, 행정과 학문이라는 이질적 세계의 접점이다. 이러한 근본적 차이점을 무시하고, 일반적 조직이론을 대입하면 큰 오류가 발생한다. 대학 행정에 대한 분석은 다른 조직과는 달리 항상 그룹 간 단절현상과 이에 따른 대표성문제를 고려해야 한다.

일반적 조직에서의 최고관리자 그룹은 행정실무에서부터 다져진 경험이 전제되어 있다. 그래서 조직을 잘 이해하고, 각 그룹과의 단절현상도 최소화시킨다. 하지만 대학 행정의 최고관리자 그룹은 행정보다는 학문의 관점에서 조직을 경영하고자 한다. 중간관리자 그룹까지는 행정적 관점으로, 최고관리자 그룹은 학문적 관점으로, 각각 다른 색깔의 안경을 쓰고 세상을 달리 바라보는 것이다.

대학 행정은 4차원이다. 일반 사회조직에 '학문'이라는 또 다른 차원이 존재하는 것이다. 4차원의 세계를 3차원 안으로 꾸겨 넣으면 문제가 발생한다. 대학 행정의 구조적 문제를 해결하기 위해서는 우선 행정과 학문을 구분하고, 학문을 새로운 방식으로 행정과 접목해야 한다. 학문을 단순히 행정시스템의 상층부에 얹어 놓는 형식이 아닌 다른 차원에서 접근하는 것이다. 대학 행정의 후진성을 극복하려는 많은 노력이 좌절되는 것은 바로 직원과 교수, 행정과 학문이라는 단절된 두 세계에 대한 이해가 부족하기 때문이다.

행사장에 가면 기다란 나무다리를 차고서 어린이들에게 풍선을 불어 주는 키다리 아저씨가 있다. 그 키다리 아저씨의 키는 아마 보통 사람들과 다를 바 없을 것이다. 하지만 그는 자기의 실제 키

---

* 이 그래프는 그룹 간 대표성 문제를 단순화해서 설명하고자 한 것이며, 그룹 간 높낮이가 실제를 표현하고 있지 않다. 특히 업무대표성의 경우 일정시점까지는 상승하다가 하향하는 곡선을 그리게 되는 것이 일반적 현상일 것이다.

에다가 나무 길이만큼 가상의 키를 더해 키다리 아저씨가 되었고, 그 모습으로 어린이들에게 즐거움을 전해 주고 있다.

조직에서 가장 이상적인 것은 명목적 대표성과 업무대표성이 자리위치에 비례하여 나란히 상승하는 것이다. 이런 조직에서의 최고 관리자는 행정조직의 근육 하나하나를 느낄 수 있을 것이다. 하지만 명목적 대표성과 업무대표성 간의 차이는 항상 존재할 수밖에 없고, 조직의 소통에 있어서 외부인은 조직 대표자의 자리위치로 모든 것을 판단하려 할 것이다. 높은 자리는 권한의 크기도 클 뿐 아니라 업무도 그 자리 높이만큼이나 잘 알 것으로 생각한다. 그래서 조직의 대표자는 자리위치에 따른 명목적 대표성에다가, 그 명목적 높이만큼의 업무대표성 나무다리를 더 차고 키가 커 보이도록 해야 한다. 행사장의 키다리 아저씨는 가짜 다리로 남을 즐겁게 하지만 조직 내에서 키다리 아저씨가 되어야 하는 사람은 자신이 나무다리를 차고 있음을 들키지 않아야 하고, 상대방도 나무다리를 차고 있는 것을 애써 외면하려 한다. 길고 짧은 차이는 있지만, 조직 구성원은 누구나 나무다리를 차고 진짜 키가 큰 것처럼 살아가는 키다리 아저씨이다. 키다리 아저씨, 슬픈 피에로의 모습이 바로 우리의 모습이다.

부시맨의 콜라병

오래된 영화 '부시맨'. 어느 날 비행기에서 떨어진 콜라병 때문에 부시맨 사회는 야단법석이다. 하늘에서 떨어진 콜라병 하나 때문에 벌어지는 이 영화를 감상하면서 배꼽을 잡고 웃었던 기억이 있다.

문명과 동떨어져 사는 부시맨에게 그들과 다른 세상에서 날아온 콜라병은 무엇인가? 콜라병은 '문명'을 상징하면서 동시에 '정보'를 상징한다. 부시맨은 콜라병에 대한 사전 정보가 전혀 없었기에 이로 인한 엉뚱한 일들이 벌어졌다. 우리가 부시맨을 보고 웃고 즐기는 것은 똑같은 콜라병에 대해 부시맨과 우리가 서로 다르게 인식하는 정보의 차이 때문이다.

우리 사회의 정보는 너무도 많고 이러한 정보의 홍수 속에서 정보를 올바르게 인식하기는 더욱 어려워졌다. 그래서 정보의 사회는 부시맨 영화에 등장하는 수많은 콜라병들이 존재하게끔 만든다. 우리는 그 속에서 자칫 부시맨이 되기 십상이다. 우리가 영화를 보고 웃음을 자아내듯이 우리 사회에 웃을 일이 너무도 많은 것이다.

부서별 사무실 공간은 하나의 독립된 물리적 공간이면서 타 부서와 독립된 사회이다. 그곳에 수많은 정보들이 유입되고, 그 유입된 정보는 마치 영화에서처럼 하늘에서 떨어지는 콜라병과 같다.

자기 부서에서 정보를 정확히 인식하고 활용하지 않으면 그 부서는 졸지에 아프리카 오지의 부시맨이 될 것이다. 외부에서 콜라병을 던진 사람은 그 모습을 보면서 웃음을 참지 못할 것이다.

우리 부서는 외부세계의 정보나 자기 정보에 대해 얼마나 정확히 실체를 인식하고 있을까? 아마도 누군가 정보의 실체를 알고 있는 사람이 있다면 우리를 부시맨이라 할지도 모른다. 거꾸로 다른 부서도 마찬가지이다. 정보의 격차를 발생시키는 여러 요인으로 인해 개인 간 또는 조직 간에 서로 부시맨이 되기 쉬운 것이다.

실무자, 중간관리자, 최고관리자들의 회의를 영화처럼 관람해 보자. 그 회의가 부시맨처럼 웃긴 회의가 되지 않을 것이라고 아무도 장담하지 못한다. 영화 같은 일이 발생하지 않기 위해서는 조직 내에서 정보의 흐름과 의사결정 구조에 대해 잘 살펴야 한다. 개인별 또는 조직단위별로 정보를 서로 엉뚱하게 해석한다면, 그 어느 한쪽인가는 분명히 부시맨이다.

최선의 선택

의사결정의 구조는 조직의 생각이 흐르는 길이다. 의사결정구조를 통해 그 조직의 건강 상태를 파악해 볼 수 있다. 행정조직 내의 의사결정구조를 잠시 살펴보자.

행정조직은 문서를 통해서 의사결정을 한다. 한 사람의 오너에 의해서 움직이는 소규모조직은 오너 개인이 의사결정을 하는 단순한 구조를 가진다. 하지만 일반적 행정조직에서는 행정절차에 의해서 의사결정을 하게 되며 이 경우 기안(起案, 사업이나 활동 계획의 초안(草案)을 만듦, 또는 그 초안)한 내용을 품의(稟議, 웃어른이나 상사에게 말이나 글로 여쭈어 의논함)를 통해서 의사결정을 하게 되는 것이다. 따라서 어느 한 조직의 의사결정구조를 파악하기 위해서는 기안문서의 품의 절차와 과정을 살펴보는 것이 중요하다.

대학 행정에서도 매일 기안을 하고 품의문서를 작성한다. 간단한 품의문서는 담당자가 기안하고 팀장이 결재하고 의결한다. 하지만 기안 내용이 중요하고 여러 부서와 관련된 업무일 경우 결재과정이 많아진다. 이러한 품의문서는 다음과 같은 몇 가지 성격이 있다.

첫째, 품의문서는 지위가 낮은 단계에서 높은 단계로 결재과정을 거친다.

둘째, 품의문서를 결재한다는 것은 기안한 내용에 대해 승인한다는 의미를 뜻한다.

셋째, 품의문서를 해당 결재권자가 결재하지 않으면(승인을 하지 않으면), 그 품의서가 다음 결재권자에게 전달되지 않는다.

이러한 품의서의 특성을 잘 살펴보면 '의사결정의 만장일치제도'라 정의해도 될 것 같다. 즉 품의서에 대해 최종결재권자를 포함한 모든 중간결재권자가 결재(승인)를 해야만 최종적으로 의사결정이 되고, 결재권자 중 한 사람이라도 반대하면 그 기안내용은 부결되는 구조이다.

이는 물론 품의서가 가진 형식적 관점에서 바라본 것이지만 우리가 의사결정의 도구로 사용하는 품의서가 이러한 만장일치제도를 내포하고 있는 점을 간과해서는 안 된다. 행정조직이 능동적이고 성과 중심의 조직인 경우는 품의서의 형식적 구조가 그리 중요하지 않을 것이다. 하지만 수직적 행정조직에서는 품의 절차가 매우 중요한 의미를 가진다.

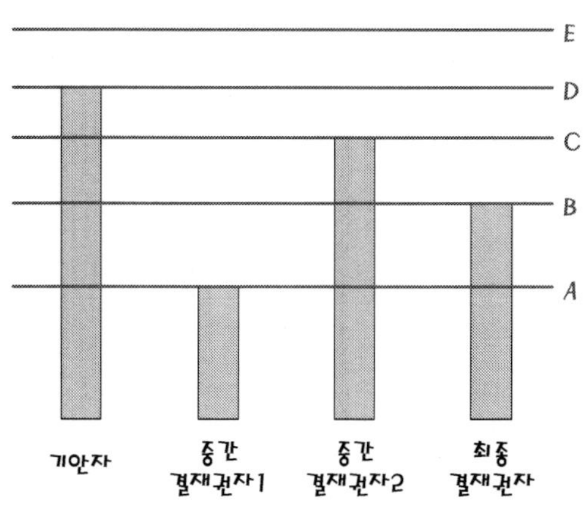

[그림 8] 품의서의 의사결정 수준

어떤 정책에 대해 기안자, 중간결재권자, 최종결재권자가 [그림 8]
과 같이 각각 다른 의견을 가지고 있다고 하자.(그림에서 막대그래프
는 생각의 높이 또는 창의성 척도라고 보자. 물론 기안자가 생각이
나 창의성이 다른 사람보다 뛰어나다는 것을 나타낸 것은 아니고,
정책결정에 참여하는 사람들의 생각 또는 창의성이 서로 다르다
하는 것을 가정하고자 한 것이다.) 과연 기존의 만장일치형 품의서
를 통해 의사결정을 한다면 어느 수준에서 결정될 것인가? 아마도
[그림8]의 A 수준에서 결정될 것이다. 최초의 생각(정책)은 일단 다
음 단계의 결재권자(중간결재권자1)에 의해 판단된다. 중간결재권자
1은 올라온 내용을 승인할 수도 있고, 폐기할 수도, 최초의 생각을
덜어 내고 일부만 받아들일 수도 있다.(물론 생각을 보탤 수도 있
다. 하지만 이 경우는 생각을 보탠 중간결재권자1을 최초의 기안자
라고 생각하자.) 다음 결재권자에게 품의가 올라가더라도 같은 상
황이 반복된다. 결국은 최초의 기안은 바로 다음 결재권자 생각의
범위를 벗어날 수 없다. 설혹 다음 결재권자가 눈을 감고 넘어가더
라도 여러 단계를 거쳐 정책은 수정이 된다. 행정조직의 품의 절차
가 정상적으로 작동된다는 전제조건에서는 결국 '최저의 선택'이
된다.

창조적 조직으로 변화하기 위해서는 개개인의 역량도 중요하지
만 조직의 의사결정구조 또한 중요하다. 개개인의 역량이 아무리
뛰어나더라도 행정의 핵심인 의사결정구조가 이처럼 '최저의 선택'
을 하는 구조에서는 조직의 창조적 변화를 기대하기 어렵다. 변화
의 열쇠는 큰 곳에 있지 않다. 의식하지 못하고 이루어지는 작은
행정 틀 속에 해답의 열쇠가 있는 경우가 많다. 조직의 의사결정이

이루어지는 과정 자체에 만장일치제도의 속성이 담겨 있는 상황에서 조직 개혁을 위한 다른 처방들은 무의미할 수도 있다.

창조적 의사결정구조는 A를 넘어서 최소한 B나 C의 의사결정이 가능하도록 해야 하며, 나아가서는 모든 개인의 수준을 넘어선 E 수준의 결정도 가능할 수 있어야 한다. 하지만 만장일치의 속성을 가진 의사결정시스템은 창조적 생각들을 덜어 내기에 더 적합한 구조이다. A 수준으로의 의사결정은 결국 D와 A의 차이만큼 창조적 생각이 꺾인 것이다. 이러한 창조적 생각들이 꺾이는 만큼 조직은 침체된다. 결국 조직 구성원은 더 이상 창조적 생각을 하려 하지 않을 것이다. 지금 조직이 침체되어 있다고 느낀다면, 또 조직 구성원들이 창조적 생각을 하지 않으려고 한다면, 조직의 의사결정구조부터 살펴보자.

그럼 창조적 의사결정구조는 어떻게 해야 하는가? 우선은 만장일치제도의 부작용을 완화시키기 위한 대안을 찾아야 한다. 예를 들면 결재절차에 '결재' 또는 '부결'이라는 두 가지의 극단적 의사결정 방법 이외에 대안이나 반대의 의견도 표현하는 결재방법의 다변화를 고려할 수 있다. 비록 중간결재권자가 결재해야 할 품의서 내용과 의견을 달리하더라도 그 중간결재권자는 자신의 의견을 첨부하여 다음 결재권자에게 의사결정의 권한을 유보하는 과정도 필요한 것이다. 즉 중간결재권자는 품의서를 결재한다는 것이 반드시 '승인'한다는 개념을 버려야 하며, 또 자신이 동의하지 않으면 다음 결재권자에게 품의서가 올라가서는 안 된다는 개념을 바꿔야 한다. 그리고 품의서에 최종의사결정에 필요한 이러한 다양한 의견들이 담길 수 있도록 기술적으로 보완해야 한다. 그래야만 창조적 기안이 최종 결재권자의 책상 위에 많이 올라갈 수 있을 것이다.

조직 문화에서도 개선점을 찾아볼 수 있다. 예를 들면 수직적 행정조직내에서는 결재과정에서 살아남지 못한 생각은 버려진다. 하지만 지금 채택되지 못한 생각 중에 보석이 섞여 있을 수 있다. 따라서 채택되지 못한 생각이라도 버리지 않고 관리될 필요가 있다. 비록 현재 받아들여질 생각은 아닐지라도 계속 창조적 생각을 만들어 낼 수 있도록 해야 한다. 부결 도장을 찍어서 폐기할 것이 아니라 창고로 옮겨 소중히 관리해 보자. 쓸모없는 부속품 창고 같았던 그 속에서 훌륭한 로봇이 튀어나올지도 모른다.

행정의 삼각구조

행정조직표를 그리면 피라미드 구조를 형성하게 된다. 피라미드의 아래 한 끝부분에는 실무담당층이 있고, 다른 한쪽 끝에는 실무협력층이 자리 잡고 있다. 그리고 피라미드의 맨 위 정점에는 정책결정층이 존재한다.

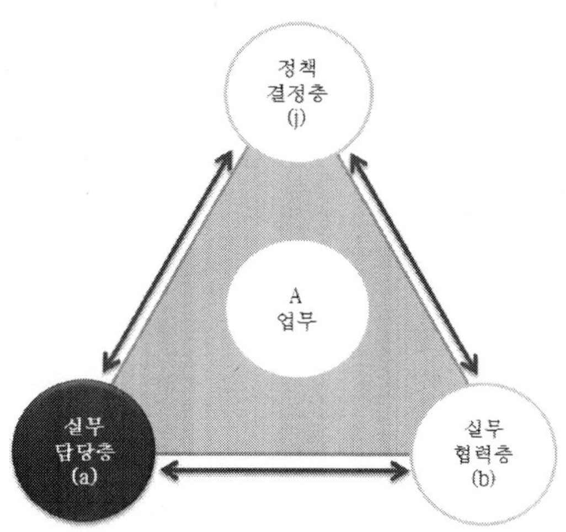

[그림 9] 의사결정권한 관점에서 본 행정구조

일반적으로 행정조직도상에서 위로 올라갈수록 조직에서 권한의 크기가 크다고 생각한다. 여기서 권한 크기의 가장 큰 요인은 정책을 결정할 수 있는 권력, 즉 의사결정권일 것이다. 예를 들면 자금의 집행결정권한이 실무자는 0원, 중간관리층인 부장은 100만 원, 처장은 5천만 원 등과 같이 조직에서 차지하는 위치에 따라 전결권한이 다르다. 이와 같이 의사결정권한이 행정조직의 위와 아래를 구분하는 가장 큰 기준이 된다. 행정구조의 아래에 있을수록 권한(=의사결정권=힘)이 없고, 위로 갈수록 권한이 크다. 그래서 누구나 조직 구성원이 되면 권한이 큰 자리에 오르기 위해 노력한다.

하지만 조직 속에 있는 구성원 대부분이 간과하는 것이 있다. 그것은 행정조직에서 필요한 권력은 의사결정권만 있는 것도 아니고, 그것이 최고의 권한이 아니라는 것이다. 권한이라 하는 것을 '무엇인가 할 수 있는 힘'이라고 한다면 행정조직에서 필요한 권한은 의사결정권한 이외에 여러 권한이 있다. 일을 집행할 수 있는 힘, 무언가를 하지 않거나 부정할 수 있는 힘, 조직을 유지하는 힘, 새로운 것을 창조하는 힘 등이다. 이 힘은 바로 '실무권한'이고 의사결정권한만큼 중요할 수 있다. 그러면 '일을 집행할 수 있는 힘, 무언가를 하지 않거나 부정할 수 있는 힘, 조직을 유지하는 힘, 새로운 것을 창조하는 힘'과 같은 실무권한은 행정조직의 어느 부분에 숨겨져 있는가? 그것은 피라미드 구조를 떠받치고 있는 기저에 있으며, 여기에 실무 담당자들이 존재한다. 이들은 자신이 맡은 업무를 집행하고, 개선하고, 새로운 것을 창조하고, 유지시키고, 발전시키는 일을 한다. 이들이 갖춘 능력이 바로 실무권한인 것이다.

의사결정권한 관점에서 본 행정구조에서는 실무권한이 아래에 위치하게 된다. 둥근 지구를 평면 위에 그릴 때 태평양을 중심으로 만들 수도 있고 대서양을 중심으로 지도를 만들 수도 있다. 둥근 지구 위에 변방이란 존재하지 않지만 보는 사람의 관점에 따라 중심과 변방에 대한 고정관념을 만들어 낸다. 행정구조의 피라미드식 표현방식에 익숙한 우리는 은연중 의사결정권한이 가장 중요하고 강력한 것으로 인식하고, 자신이 가진 실무권한의 존재를 잊고 있는지 모르겠다. 의사결정권 관점에서의 중력 작용을 잠시 벗어나서 긍정과 부정의 힘, 유지와 창조의 힘인 실무권한의 관점에서 행정구조를 다시 그리면 [그림 10]과 같다.

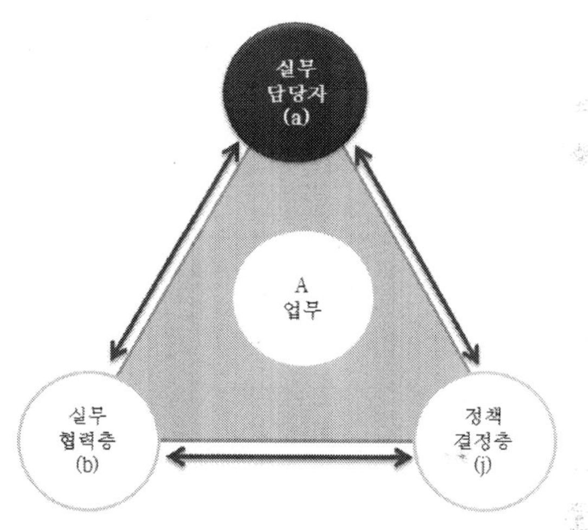

[그림 10] 실무권한 관점에서 본 행정구조

[그림 9]와 같은 의사결정권 중심의 행정구조는 '누구의 자리가 더 높은가?'의 관점이다. 이는 자리에 대한 위아래를 구분하고 자리에 대한 지휘영향력을 파악하기에 쉽다. 따라서 지시와 통제의 영역을 확인하기에 적합한 모형이다. 반면 [그림 10]과 같은 실무 권한 중심의 행정구조는 '내가 가진 업무를 어떻게 할 것인가?'의 관점이다. 행정조직은 업무단위별 또는 업무과정별로 분업화되어

있다. 어느 한 개인이나 부서에서 독자적으로 이루어지는 일은 거의 존재하지 않으며 전체 행정조직과 상호 유기적 관계를 통해서 수행된다. 하나의 업무단위를 둘러싼 유기적 관계의 한쪽에는 실무협력층이 필요하고, 다른 한쪽에는 정책결정층이 필요하다. 실무협력층은 해당 업무를 위한 또 다른 실무업무이다. 마찬가지로 다른 업무단위에서는 내 업무가 실무협력층이 된다.

유기적 관계의 또 다른 축인 정책결정층은 해당 업무의 책임자로서 의사결정의 최종 권한을 가지고 있으며, 해당 업무의 큰 방향을 결정하는 나침반이 되고 실무협력층이나 외부의 협력을 이끌어내는 역할을 수행한다. 정책결정층은 나의 업무를 수행하기 위한 3각축 중의 하나이고, 파트너인 것이다.

[그림 10]의 실무권한 관점에서 본 행정구조는 한 단위의 업무를 완성하기 위한 각 참여자간의 역할관계 조직도이다. 의사결정권한의 크기에 따른 상하관계를 배제하고, 업무의 유기적 관계를 나타낸 수평적 관계인 것이다. [그림 9]의 수직적 관계에 익숙한 구성원은 [그림 10]과 같은 수평적 관계는 현실을 도외시한 이상적 생각이 아닌가 할 수도 있을 것이다. 하지만 행정 실전으로 들어가면 [그림 9]보다는 [그림 10]의 관점에서 바라본 행정구조가 훨씬 현실적으로 유용할 수 있다. 상하관계의 틀 속에만 고정되어 있다면 '일을 집행할 수 있는 힘, 무언가를 하지 않거나 부정할 수 있는 힘, 조직을 유지하는 힘, 새로운 것을 창조하는 힘'의 실체를 제대로 인식하고 설명할 수 없다.

행정 실무자가 능동적 자세를 하고 있다면 지시에 의해서만 움직이고, 통제받기만을 기다리지는 않을 것이다. 능동적 실무자는 실무협력층과 정책결정층을 적극적으로 활용하여 자신의 이상을 실현하고자 할 것이다. 하나의 업무단위를 구성하고 있는 세 단위인 '나＝실무자', '실무협력층', '정책결정층' 중에서 핵심은 '나＝실무자'이다. '실무협력층'이나 '정책결정층'은 없더라도 업무단위는 구성된다. 하지만 실무자가 없다면 업무단위가 존재할 수가 없다. 나를 중심으로 각자의 삼각형을 하나씩 가져보자.

별이 되자

 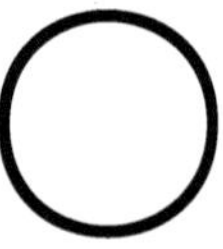

우리는 어렸을 때부터 다섯 개의 꼭짓점을 서로 연결해 별모양을 그렸다. 서로 이웃하지 않은 건너편 꼭짓점으로 선을 긋고, 다시 연결되지 않은 건너편 꼭짓점으로 이동해서 별을 완성했다. 그러면 하얀 종이 위에 반짝이는 별이 완성된다.

별이 되자. 행정조직을 우리 마음속의 별 모양처럼 만들자. 각자가 한 꼭짓점이 되어 가장 멀리 떨어진 두 점과 서로 연결하자. 그러면 당신을 중심으로 원환 위에 놓인 꼭짓점을 이용해서 그릴 수 있는 가장 큰 삼각형을 그릴 수 있을 것이다. 당신을 정점으로 한 나머지 두 점은 당신의 업무를 도와줄 실무협력층과 정책결정층이다. 옆에 있는 꼭짓점도, 그리고 당신과 연결되어 있는 꼭짓점도 각자가 자신을 중심으로 삼각형을 가지게 될 것이다. 이제 다섯 개의 점은 그 위치가 명확하고, 서로 소통하는 통로가 완성되었다. 종이 위에 그려진 별도, 하늘의 별도 위아래가 없다. 행정조직도 이제 하늘의 별처럼 빛날 것이다. 각자의 행정위치에서 각자 빛날 것이다.

그러나 아쉽게도 우리는 조직 안에서 몸을 최대한 낮춘다. 자신을 중심으로 삼각형을 형성하려는 의지도 약하다. 자신의 꼭짓점이 보이지 않도록 애써 깎아서 내리고, 두드러져 보이지 않기 위해 옆 동료와 키를 맞춘다. 결국 행정조직은 둥글게 그려진다. 하나의 달처럼.

행정조직을 달처럼 만들지 말자. 달은 스스로 빛을 내지 못한다. 낮에는 태양에 가려서 존재조차 없고, 밤에는 태양의 빛을 받아서 반사할 뿐이다. 달이 뜬 행정조직은 어둡다. 조직 안에서 서로의 존재가 드러나지 않아 업무의 관계가 명확하지 않다. 내부시스템도 두루뭉술하게 대충 흘러간다. 딱히 업무의 맥도 잡히지 않고, 누가 책임질 일도 없다. 업무가 어디서 시작되고 끝을 맺는지도 알 수 없다. 그저 둥글게 굴러간다. 누군가 이 시스템 안으로 들어오면 그 사람은 둥근 원을 빙빙 돌다 제풀에 지쳐 버릴 것이다. 조직 안에 있는 사람이든 조직 밖에 있는 사람이든 달형 조직에서는 스스로 지친다.

조직을 별처럼 만들자. 스스로 한 사람 한 사람이 꼭짓점을 만들고, 가장 먼 곳의 꼭짓점을 찾아 연결하여 자신만의 큰 삼각형을 그리자. 물론 둥근 달 같은 조직내에서 먼저 삼각형을 만든다는 것은 큰 용기가 필요하다. 소풍 가서 잔디밭에 둥글게 둘러앉아 있는데 혼자 무대 위로 나가야 하는 어린아이처럼 쑥스러움도 있을 것이다. 혼자 두드러져 있으면 모든 일이 내게로 몰려들 것 같고, 혼자 책임져야 할 것 같은 생각이 들 것이다. 하지만 한 사람, 두 사람, 세 사람, ……각자의 삼각형을 만들자. 주인 없이 조직 내에서 떠도는 하나하나의 일들에 주인 명패를 달아 주자. 모든 일이 주인을 찾을 때 그 조직은 아름다운 별이 될 것이다.

4권 분립

　대학 편입학시험에서 집단으로 부정행위를 한 사건이 발각된 적이 있다. 수험생들이 무전기 등을 이용하여 조직적으로 수년간에 걸쳐 부정행위를 한 것이다. 부정행위를 한 학생은 주요 대학교에 합격하여 이미 졸업을 했거나 재학 중인 학생들이었다. 그러나 사건이 발각된 이후로 그들은 형사 처벌되었고 대부분 각 대학교에서 입학 취소되고 학적이 말소되었다. 그리고 사건이 종결된 이 후 그 수험생 중의 한 학부모가 학교에 찾아와서 때로는 하소연도 하고 때로는 화도 내면서 아들의 선처를 호소한 적이 있다.

　이 사건은 얼핏 보면 당연한 수순으로 보인다. 하지만 이 사건에 대한 대학의 행정절차 과정을 두 가지 측면에서 좀 더 숙고해 보자. 하나는 우리 대학 행정조직이 민원에 대한 조직적 대응체계를 갖추고 있는가 하는 것이고, 다른 하나는 대학사회에 올바른 사법적 기능이 존재하는가 하는 것이다.

　사회의 법적 처벌보다도 학교의 처벌이 훨씬 개인에게 치명적이고 형량이 더 엄중하고 무거울 수 있다. 그러나 우리 대학사회는 일반 사회와 비교하여 사법적 기능이 상대적으로 취약하고, 학생의 처벌이나 징계 등에 있어서 민주적 절차가 부족한 경우가 많다. 민주주의와 자유의 상징인 대학 캠퍼스가 정작 그 사회를 움직이는 조직 자체는 그렇지 못한 것이다. 이는 '학생'을 사회구성원의 책임 있는 인격체로 보기보다는 그저 배우는 '제자'로 인식하고 그 처벌도 '교육'의 일환으로 보는 탓은 아닌지 모르겠다.

우리는 편입학 부정행위자를 각 대학 사회에서 어떻게 징계했는지 사법적 절차의 관점에서 한발 물러서서 재조명해 봐야 한다. 그리고 대학사회에 사법적 기능을 좀 더 보관하고, 학생의 처벌이나 징계 등에 있어서 우리 사회가 쌓아 온 민주적 절차를 캠퍼스 안으로 받아들여야 한다.

문제는 지금부터 풀어 나가면 된다. 우선 첫 번째로 민원에 대한 문제부터 행정적 측면에서 생각해 보자. 징계를 받은 학생의 부모는 자식의 선처를 바라는 마음에서 매일같이 찾아오고 학교에 탄원서를 제출했다. 그러나 대학에서는 그 학부모의 탄원에 적절히 대응하고 있지 못한 듯하다. 대학은 그저 학부모의 탄원에 '떼를 쓴다'는 시각으로 일관할 것이고, 행정 실무자들은 대책 없이 적당히 대응하면서 제풀에 지치도록 할 것이다. 이는 민원을 상대하는 학교의 의도적인 전략이 아니라, 민원에 대한 제도적 틀을 제대로 갖추고 있지 못하기 때문에 발생하는 일반적인 현상이고, 대부분의 대학이 이러한 현실일 것이다. 그러나 학부모가 학교에 제출한 탄원은 정부조직과 비교하여 두 가지 의미로 해석될 수도 있다. 하나는 행정적 시각으로 봤을 때 행정부서에 민원을 제출했다고 볼 수 있다. 다른 하나는 사법적 시각으로 봤을 때 1심에 불복하여 상고심에 소송한 것으로 볼 수 있다. 학부모의 탄원에 대해 어느 의미로 받아들이든 기존의 학교조직에서는 행정적이든 사법적이든 상당히 어색하고 궁색한 대응을 할 수밖에 없을 것이다. 대학은 이러한 대응에 준비가 부족하고 개념이 아직도 부족한 사회이기 때문이다.

이제는 대학도 행정적 민원을 받아들이고 처리하고자 하는 자세를 가져야 한다. 그리고 이를 처리하는 정확한 행정절차를 갖추어야 한다. 외형적으로는 온라인으로 민원을 접수하는 등의 형식적 틀을 갖춘 것 같지만, 행정조직 내부에서 책임있고 의미있는 절차가 진행되는지는 의문이다. 민원에 대해 담당자의 신속한 답변 정도로 대응하는 것은 형식적이다. 민원을 처리하는 실질적 행정체계를 갖추어야 한다. 정부조직에서는 청와대 신문고, 공정거래위원회, 옴부즈맨 제도 등 다양한 형태로 민원을 접수한다. 그리고 민원사항이 접수되면 민원인에게 민원접수사실을 알리고 그 부서에서 직접 처리해서 결과를 통보하거나 관련부서로 민원을 이첩하여 반드시 내용증명으로 민원인에게 통보하도록 하고 있다.

대학조직은 사법적 기능에 대해서도 이제는 준비해야 한다. 학생을 포함한 내부 구성원의 징계에 있어서는 어느 정도 민주적 절차를 갖추어야 하며, 다음과 같은 몇 가지 제도적 보완이 필요하다.

첫째, 사법권을 독립해야 한다. 우리 대학사회의 권력구조는 입법, 사법, 행정이 제대로 정립되어 있지 못하다. 그러한 측면에서 대학의 사법권 독립은 절실하다.

둘째, 징계의 절차에 있어서 당사자에게 변론의 기회를 제공해야 한다. 학교 구성원의 징계에 있어서는 반드시 당사자가 변론을 할 권리가 보장되도록 제도화해야 한다. 특히 입학취소와 학적말소와 같은 중대한 결정에 있어서는 당사자의 변론 기회가 보장되도록 해야 한다.

셋째, 2심제 내지는 3심제의 상고제도를 제도화해야 한다. 잘못된 결정은 바로잡을 기회를 제공해야 하고 이를 제도적으로 받아들여야 한다.

국가는 입법, 사법, 행정이 분리된 3권 분립의 틀을 가지고 있다. 대학은 이 3권에 학문권이라는 특수한 권리가 따로 있다고 나는 생각한다. 그래서 대학은 3권에 학문권을 포함하여 4권이 존재한다.(여기서 학문이라 하는 것은 교육과 연구 등과 같은 대학의 기본적 기능을 말하며, 학문을 할 수 있는 권리 및 대학의 학문에 대한 권위 등을 포괄하여 학문권이라고 하자) 전통적으로 대학 캠퍼스는 사회의 규범보다는 학문권의 자치로 움직이는 사회였다. 교육을 위해서 스승이 제자에게 회초리를 드는 것은 이러한 관습이 용인되었기 때문이다. 하지만 이러한 스승과 제자 사이의 관계가 이제는 캠퍼스 밖의 사회규범, 즉 법의 관점에서 더 많이 다루어진다. 또 사회규범이 캠퍼스로 영역을 확장하는 데는 연구 분야의 속도가 더 빠르다. 사제지간이면서, 연구 참여자로서 법적 계약관계차이기도 한 것이다.

이와 같이 대학 캠퍼스에서 '학문의 자치권'이라는 권위와 영역이 점점 축소되어 가고 있다. 이러한 현상의 원인은 여러 가지로 짐작해 볼 수 있지만 우선 학문에 대한 자본의 지배가 더 심화되는 데서 찾아볼 수 있다. 캠퍼스에서 시장 경제적 논리의 강화는 사제지간을 계약관계로 변화시켰을 뿐만 아니라 학문의 자치권을 축소시키는 결과를 낳았을지 모른다.

캠퍼스 밖의 사회환경 변화에서 학문의 자치권이 축소되고 있는 원인을 찾을 수도 있다. 지금은 학문이 캠퍼스 내에만 존재하지 않는다. 기업체나 연구소에서 뿐만 아니라, 컴퓨터 모니터 앞에만 앉아서도 대학 4년 동안 배울 지식은 모두 얻을 수 있는 시대가 되었다. 심지어는 각 구청의 강당에만 찾아가도 웬만한 대학 강의보다는 좋은 강의를 들을 수 있다. 대학 캠퍼스 밖의 환경이 캠퍼스 내의 학문에 대해 더 이상 존경의 대상으로 바라보지 않을 정도로 변했다.

위의 원인들은 학문의 자치권이 축소되고 있는 근본 원인이 아닐 수도 있다. 근본 원인은 '학문' 자체의 위기에서 비롯된 것인지도 모른다. 캠퍼스에서 학문의 자치가 가능했던 것은 학문 자체의 권위가 유지되었기 때문이다. 오랜 역사를 거슬러 올라가지 않더라도 학문에 대한 권위, 스승에 대한 권위가 어떠했는지는 모두 다 잘 알 것이다. 권위의 상실은 여러 외부의 요인도 있지만 권위를 상징하는 당사자들의 책임이 더 크다는 점을 부인할 수 없다. 대학의 학문과 또 그 중심에 서 있는 사람들이 왜 권위를 잃어 가고 있는지는 더 이상 추측하지 않겠다. 이 논리가 맞는다면 학문의 영역에서 스스로 해결해야 할 문제이지 여기에서 언급할 문제는 아닌 것 같다.

2006년 4월 5일 나는 불행한 역사의 한 현장을 지켜봤다. 100여 명의 학생들이 본관 건물에서 9명의 보직교수를 가로막고 자신들의 주장을 관철하기 위해 17시간동안 농성을 벌인 현장이다. 행정 보직자이면서 스승인 교수를 감금한 것인지, 단순히 대치했는지는 이제 제3자가 판단해야 할 문제로 비화하였다. 하지만 대학의 자치와 사회규범의 충돌, 학문과 행정의 혼돈, 사라진 권위의 현장이었던 그 사건은 나에게 깊은 상처와 고민을 남겼다.

'과연 지금 대학 캠퍼스는 학문의 자치권이 가능한 시대인가?'

'대학에 스승과 제자는 존재하는가?'

'사회는 대학의 권위와 자치권을 인정하고 있는가?'

인사권과 자기 경영권

대부분의 관리형 조직은 오래 근무한 것이 죄가 된다. 한곳에 오래 머물면 눈총을 받기 시작한다.

"아직도 그 부서에 있어? 너무 오래 있는 것 아니야?"

"글쎄, 다음엔 어디 좋은 부서로 보내 주겠지 뭐. 책상은 일찌감치 깨끗이 치워 놨어."

한 부서에서 3년 정도 근무하면 이런 대화가 낯설지 않을 것이다. 서로 무의식 속에 '3년 순환보직'이라는 생각이 내재되어 있는 것이다. 이러한 원칙은 어떤 법령이나 지침에 의한 것이 아니라 관행에 의한 것이며, 내부 구성원들 간에 그러한 생각이 뿌리 깊게 자리 잡고 있다.

그런데 내부 구성원에게 3년 순환보직에 대해 어떻게 생각하느냐고 물어보면, 누구나 한결같이 순환보직의 문제점에 대해 공감하고 이에 대한 부작용을 너무나 잘 알고 있다. 하지만 현실은 구성원들의 이러한 공감과는 달리 과거나 지금이나 3년 정도 되면 '이제 이 부서를 떠나야 할 때가 되었구나.' 하는 생각들을 가지고 있고, 실제로 거의 대부분의 경우 3년 이내에 자리를 바꾼다.

왜 문제점을 알면서도 3년마다 자리바꿈이 계속되는 것일까? 제도와 관행에 내 의지를 맡기기 이전에 우선은 스스로 물어보고 답을 찾아보자.

‘나는 왜 3년이 되면 다른 부서로 떠날 생각을 하는가?’

‘도대체 몇 년이면 내 일이 손에 익을까?’

‘나는 왜 내 일에서 달인이 될 수 없을까?’

‘내가 남들로부터 내 일이라고 인정받을 만한 것은 무엇이지?’

누군가가 조직 속에서 자기 일을 찾고 그 분야의 달인이 되고자 했다면, 몇 년이라는 세월이 필요한지는 알 수는 없으나 3년이라는 기간은 아마도 어림이 없을 것이다. 하지만 나에게 묻고 또 물어보면 ‘내 일이 무엇이었나?’ 하는 공허함만 남는다. 그 공허함으로부터 출발해서 주어진 일, 시켜서 해야 하는 어쩔 수 없는 일들을 제외하고 조직 속에서 진정 내가 하고 싶은 일, 최고로 잘할 수 있는 일을 찾아야 한다. 그 일을 찾았다면 내가 먼저 성과를 내고, 해야 할 의지를 보여 주어야 한다.

조직의 인사권은 원칙적으로 경영자에게 있다. 하지만 조직 구성원 자신이 하나의 주체로서 스스로 관리해야 할 고유한 권리를 ‘자기 경영권’이라 한다면 이는 조직의 인사권보다 더 우선하고, 자기 경영권은 그 권리는 스스로 포기하지 않는 한 누구도 가져가거나 대신할 수 없다.

조직 인사이동의 현실과 문제점을 구성원 스스로의 자기 경영권 관점에서만 해결하려는 것은 무리가 있다. 구성원 개인의 노력과 함께 조직도 인사정책을 매우 중요하게 인식해야 한다.

인사이동은 현재의 주어진 인적 자원을 최적화하는 것이 목적이다. 하지만 인적 자원을 최적화시킬 수 있는 정답을 찾는다는 것은 거의 불가능하다. 이는 날씨를 예측하기 위해 슈퍼컴퓨터를 통해 분석하는 것과도 같은 방대한 작업이 될 것이다. 따라서 인사이동은 현재의 인적 자원과 일을 최적화하겠다는 큰 꿈보다는 '지금보다는 조금 더 나은' 조합을 찾겠다는 소박한 꿈을 가지고 시행하는 것이 좋을 것이다.

'지금보다 조금 더 나은' 조합의 목표는 소극적인 것 같지만 사실은 굉장히 어려운 과제이다. 인사이동을 하면서 현재의 업무능력을 떨어뜨리지 않는다는 것 자체가 논리적으로 모순이기 때문이다. 더구나 지금보다 조금 더 나아지기를 기대하는 것은 아마도 불가능한 것일지도 모른다. 업무 경력과 능력이 비례한다는 전제조건이면 인사이동은 필연적으로 조직 전체의 업무 경력을 낮추기 때문에 조직의 능력은 더 떨어질 수밖에 없다.

그러나 현실적으로 인사이동은 '지금보다 조금 더 나은' 결과를 가져오기도 한다. 이런 모순적인 현상이 왜 발생할까? 그것은 처음에 전제 조건으로 삼았던 '업무 경력과 능력은 비례한다.'는 가정을 버려야만 해석이 가능하다. 결국 '업무 경력이 많다고 능력이 있는 것은 아니다. 그렇기 때문에 인사이동을 통해서 지금보다 조금 더 나은 결과를 가져올 수 있다.'라고 현실적으로 해석하는 것이 좋을 것 같다. 그렇다고 잦은 인사이동이 항상 지금보다 조금이라도 더 나은 결과를 가져왔다고 보장할 수는 없다.

인사이동을 통해서 당장 경쟁력이 높아졌다면 조직의 경영자는 인사이동의 결과에 만족할 것이 아니라, 그 조직 내의 구성원이 업무 경력만큼 능력이 향상되지 않음을 슬퍼해야 한다. 오히려 인사이동으로 당장에 조직이 잘 돌아가지 않는 것을 반겨야 한다. 그것은 업무경력이 많은 사람이 업무 효율이 더 좋다는 조직의 긍정적 신호이기 때문이다.

인사이동을 해서 당장 조직이 잘 돌아가면 슬퍼해야 하고, 조직이 잘 돌아가지 않으면 반겨야 하는 이런 상황을 어떻게 받아들여야 하는가? 이런 모순을 이해하기 위해서는, 인사이동을 현재보다는 미래에 대한 투자로 보는 것이 좋을 것 같다. 즉 인사이동은 지금 당장은 조직의 능력이 조금 떨어지더라도 가까운 장래에 더 나아질 것이라는 미래 가치를 포함하고 있는 것이다. 결국 인사이동은 당장 현재가 아닌 미래를 위한 포석이 되어야 한다.

인사이동이 미래에 대한 가치를 최우선으로 고려한다면, 나무를 옮겨 심는 작업과 같이 신중해야 한다. 인사이동을 통해 당장 성과만 바란다면 자칫 산림을 벌목하는 것과 같을 수 있다. 3년이 채 되기 전에 다시 잘라 내고 다른 나무를 심는 과정을 반복한다면 결국 그 산에는 항상 잡목들만 자랄 것이다.

인사이동은 벌목이 아니라 '나무 옮겨심기'이다. 나무 옮겨심기는 그 나무가 자랄 수 있는 토양과 환경에 맞도록 해야 한다. 마찬가지로 인사이동도 그 구성원이 가지고 있는 업무능력을 향상시킬 수 있도록 적합한 업무부서(토양)에 배치(옮겨심기)하는 과정이어야 한다.

인사이동에 있어서 벌목식 정책과 옮겨심기식 정책의 차이는 구성원의 업무 역량에 큰 영향을 미친다.

벌목식 인사정책은 조직 구성원에게 '3년 순환보직'과 '업무 단절'의 근무 환경에 적응하도록 한다. 순환보직 인사이동은 간혹 이전의 업무가 조금은 도움이 되기는 하지만 대체로 새로운 부서에서 거의 초보수준부터 다시 시작해야 한다. 이러한 인사관리에 익숙한 구성원은 자신의 업무에 대한 전문성을 살려야겠다는 목표보다는 3년 정도 잘 보낼 수 있는 부서에 배치되기만을 바라고, 또 그 부서에서 적당히 살아가는 것을 목표로 한다. 아마도 군대 생활이 이러할 것이다.

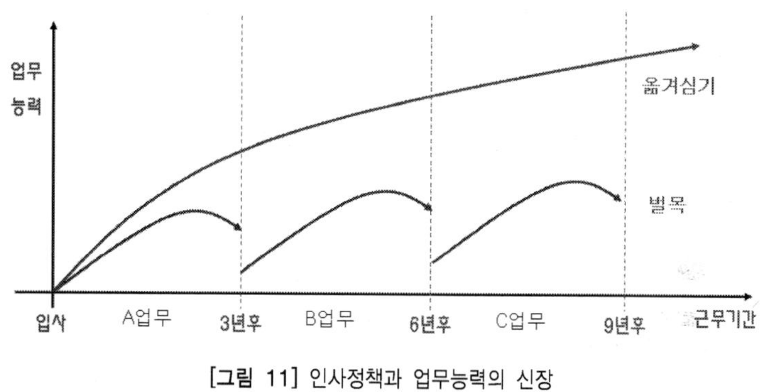

[그림 11] 인사정책과 업무능력의 신장

반면 나무 옮겨심기식 인사관리를 받은 한 구성원의 예를 보자. 그는 입사 이후 자신의 업무능력을 높일 수 있는 부서로 배치되어 이제 자신의 업무분야에서 입지를 구축했다. 처음 발령부서에서 자신의 적성을 발견한 그는 그 업무적성과 능력을 계속 발전시키기 위해 꾸준히 노력하였고, 조직 또한 그의 업무적성과 능력을 충분히 파악하고 있었다. 그리고 그 직원이 가지고 있는 업무능력이 잘 계발될 수 있도록 관련 업무부서를 차례로 경험하도록 하였기 때문이다.

인사정책에 대해 두 정책을 극단적으로 비교하였으나 현실은 이 두 가지 정책 사이의 어느 중간쯤에 있을 것이다. 사실 인사정책이 이처럼 단순하게 비교될 수 있는 것은 아니다. 슈퍼컴퓨터로 날씨를 예측하는 것보다도 더 복잡한 것이 사람 간의 관계이고, 조직의 모든 문제는 인사에서 시작해서 인사로 끝날 정도로 중요하다. 하지만 너무 복잡하고 중요한 정책이기에 오히려 인사권이 경영권이라는 단지 속에 갇혀 접근할 수 없는 하나의 성역처럼 여겨졌고, 구성원들은 이에 수동적으로 적응해 왔다. 이러한 환경에서의 인사정책은 결국 옮겨심기식보다는 벌목식에 가까워질 수밖에 없다.

벌목식 인사정책의 부작용을 인정한다면, 그리고 인사이동이 벌목식에 가깝다고 인정한다면, 조금은 불편하더라도 성역 속에 있는 인사정책을 끄집어내어 함께 생각해 보고, 좀 더 나은 방향을 찾으려는 노력이 필요하다. 그 출발점은 경영자의 인사권과 조직 구성원의 단절 현상에서부터 시작하자. 그러기 위해서는 경영자의 인사권에 상응할 수 있도록 앞서 언급한 조직 구성원의 '자기 경영권'이라는 개념을 가져올 필요가 있다.

인사권과 자기 경영권의 관계라는 출발점은 두 갈래의 길이 있다. 그중의 하나는 양자의 관계가 '단절'이라는 것을 전제로 하는 길이다. 인사권과 조직 구성원의 자기 경영권이 단절되었다고 하는 것은 인사권이 자기 경영권을 고려하지 않고 독자적으로 권리를 행사한다는 의미이다. 이 길로 계속 나아가서 조금 더 나은 결과를 바란다면 인사권을 좀 더 정교하게 해 줄 것을 기대하는 것 이외에는 대안이 없다. 하지만 자연현상을 예측하는 것보다도 더 어려운 작업이고 결국은 불가능한 영역에의 도전이 될 것이다.

이제 다른 하나의 길로 들어서 보자. 이 길은 아직 앞서 간 몇 명의 희미한 발자취만 남아 있지만, 분명 길은 존재한다. 그것은 인사권과 자기 경영권이 서로 호응하는 길이다. 경영자의 인사권은 포기할 수 없는 권리이다. 마찬가지로 조직 구성원의 자기 경영권도 보호받아야 할 권리이고 누구에게 양도되어서도 안 된다. 경영자의 인사권만으로는 불가능한 것을 안다면 이제 조직 구성원에게 자기 경영권을 되돌려 주어 균형을 이루도록 하자. 여기에서 자기 경영권이라 하는 것은 구성원 개인이 주체가 됨은 물론이고, 조직 내의 부서 등도 자기 경영권을 가진 주체가 될 수 있다.

그동안 자기 경영권은 자의 반 타의 반으로 포기되어 왔다. 조직 구성원 모두가 자기 경영권을 회복하여 조직 속에서 독립된 주체로 존재해야 한다. 그래서 자기 경영권을 가진 독립된 개체들이 조직 속에서 서로 간에 마주쳐야 한다. 이 마주침의 운동은 조직 내에서 매우 불규칙적인 움직임을 보일 것이다. 물론 이 마주침으로 인해 말도 많고 시끄러운 장터처럼 될 것이다. 이는 마주침이 없었던 고요한 세상에서는 견디기 어려운 고비일 수도 있으나 오히려 시끄럽고 번잡함이 조직을 훨씬 건강하게 하는 중요한 에너지일 수도 있다. 마주침이 있는 시끄러운 장터가 바로 사람 사는 세상이고 함께 사는 지혜를 가르쳐 주는 곳이 아닌가. 물이 움직이지 않고 머물러만 있으면 세상은 메마른 땅으로 변할 것이다. 스스로 움직임을 통해 하늘로 올라가고 뭉쳐서 천둥을 만들고 비가 되고 눈이 되어 다시 땅으로 내려온다. 이런 헤어지고 뭉치는 마주침들은 스스로 세상을 만든다. 자연이라는 것이 바로 '스스로 그러한' 것이 아닌가. 마주침이 없으면 사람 사는 세상도 없고, 자연도 없다.

나무는 스스로 자란다. 자연은 환경만 제공할 뿐이다. 조직 속의 사람 또한 그러했으면 좋겠다. 스스로 선택한 곳에서 뿌리를 내릴 수 있기를, 그리고 그러한 환경이기를……

제5장
행정인으로 살아가는 방법

명의는 본능적으로 판단한다. 첨단 의료장비는 단지 측정도구일 뿐이다. 결정의 순간은 의사의 온몸 구석구석에 숨겨져 있는 본능적 감각에 따른다. 수술하는 과정은 평생 몸에 밴 장인 그 자체이다. 행정의 달인 또한 마찬가지이다.

일에 대한 단상

　사무실 책상 위에는 매일 반복적인 일상 업무, 생각해야 할 골치 아픈 문제들이 항상 쌓여 있다. 무의식적으로 반복되는 일상 업무는 어느 정도 내 몸이 그 일에 숙달이 되면 견딜 만하다. 하지만 내 앞에 항상 무의식적인 일상만 반복된다면 얼마 있지 않아 내 일은 용역으로 대체되거나 컴퓨터가 대신하고 내 자리는 없어질지도 모른다. 내 자리가 보전된다는 전제하에 무의식적 반복 업무만 있다면 골치 아픈 일은 없을 것이다. 다만 조금 따분하고 지루한 시간을 어떻게 견디느냐 하는 고민이 있을 뿐이다. 물론 사는 보람은 일에서 찾지 말고 다른 곳에서 찾아야 할 것이다.

　하지만 내 머리를 쥐어짜게 하는 일들은 매일 치워도 항상 몰려온다. 이 골칫덩어리 일을 머리로 해치워야 하기 때문에 팔다리가 아픈 것이 아니라 머리가 아프다. 행정업무 일상은 무의식적 반복 업무에다가 불규칙적으로 몰려오는 의식적 골칫덩어리를 해치우는 과정이다.

　이렇게 매일 마주하는 의식적 골칫덩어리인 일, 생각, 해결 과제를 당신은 어떻게 처리하고 있는가? 최대한 머리를 적게 쓰고 매트릭스의 주인공이 날아오는 총알을 잽싸게 피하듯 최대한 피해만 다닐 것인가. 총알은 한번 피하면 지나가고 말지만 눈앞의 일은 해결하지 않으면 언젠가 반드시 더 큰 일거리가 되어 되돌아온다. 책상 위에 해결되지 않은 서류는 이리저리 아무리 치워도 없어지지 않는다. 다음 일거리가 밀려와서 책상 위에 잔뜩 일만 더 쌓일 뿐이다. 골치 아픈 일거리는 피하지 말자. 일을 정면으로 응시하고, 하나씩 헤쳐 나가자. 그러면 뒤죽박죽이던 책상 앞도 하나씩 정리될 것이다.

근본에 이르게 하는 힘

　모든 일 앞에서는 항상 '왜?'라는 질문을 던져보자. '왜?'라는 질문을 게을리 하면 그 일은 가택연금을 당하듯 세상과 담을 쌓게 되고 소통할 수 없다. 세상을 모르고 소통이 되지 않으니, 그 일은 주저앉아 꼼짝달싹 못하고 서 있거나 무면허 운전자에게 맡겨진 자동차와 같을 것이다. '왜?'는 문제의 핵심을 '끝까지', '논리적으로' 추적할 수 있는 훌륭한 도구이다. 그리고 우리 앞에 놓인 일의 근본으로 안내해 줄 것이다.

　그러면 '왜?'라는 질문을 통해 다다르는 근본은 어디일까? 실제로 우리 앞에 있는 일 중의 어느 것이든 하나를 붙잡고 '왜?'라고 질문을 끝까지 해 보자. 그리고 또 다른 일로부터 출발해서 똑같은 질문을 해보자. 아마도 어떤 일에서부터 질문을 하든지 마지막에 물어보게 되는 '왜?'에 대한 대답은 같을 것이다. 그러면 '왜?'라는 질문을 통해서 근본에 이르렀다고 할 수 있다.

　대학 행정을 하는 사람 앞에 놓여 있는 일을 놓고 '왜?'라고 질문하면 마지막 질문에 대한 대답은 아마도 '교육 또는 연구 경쟁력을 높이기 위해서'일 것이다. 여기까지 이르렀다면 근본적 질문까지 이어졌다고 볼 수 있다. 이 대답은 교무처나 연구처에 근무하는 사람들에게만 해당되는 답이 아니다. 대학 구성원 누구나 자신의 모든 일에서부터 출발하면 여기에 이르러야 한다.

재무부 직원이 자신이 하고 있는 일에 대해 스스로 '왜?'라고 묻고, 또 물어봤더니 '돈을 벌기 위해서'라는 결론에 이르렀다고 생각해 보라. 마찬가지로 시설부 직원이 자신의 일에 대해 물었더니 '건물을 많이 지어 임대 수익을 높이기 위해서'라고 대답했다고 생각해 보라. 같은 조직 구성원인 교무처 직원이 이 대답에 동의하거나 같은 구성원이라고 생각할 수 있겠는가.

조직 구성원 누군가가 동의하지 못한다면 자신이 하고 있는 일에 다시 한 번 '왜?'라고 물어보자. 그래서 상대방의 가치와 공감할 수 있는 곳까지 이르도록 하자. 하나의 조직은 모든 구성원이 공유하는 가치가 있고, 조직 안의 모든 일은 그 가치와 연결되어 있어야 한다. 지금 하고 있는 모든 일을 '왜?'라는 질문을 통해 조직의 공유 가치와 연결해 봐야 한다.

대학 재무부에서 하는 일이 정말로 돈을 벌기 위한 정책이고, 시설부에서 하는 일이 임대 수익을 높이기 위해서 하는 것이라고 한다면, 그리고 그것이 다른 구성원들이 공감하지 못하는 가치라고 한다면 그 정책은 분명 잘못된 길로 접어든 것이다. 그리고 잘못된 것을 알았다면 당연히 다시 길을 찾아 나서야 할 것이다. '왜?'라는 질문은 일의 근본을 찾아 떠나는 여행에서 나침반과 같은 역할을 해 줄 것이고, 근본에 이르게 도와줄 것이다.

‘왜?’라는 질문을 통해 우리가 다다른 그 근본은 바로 일의 중심이고, 다른 구성원들과 소통할 수 있는 장터이다.

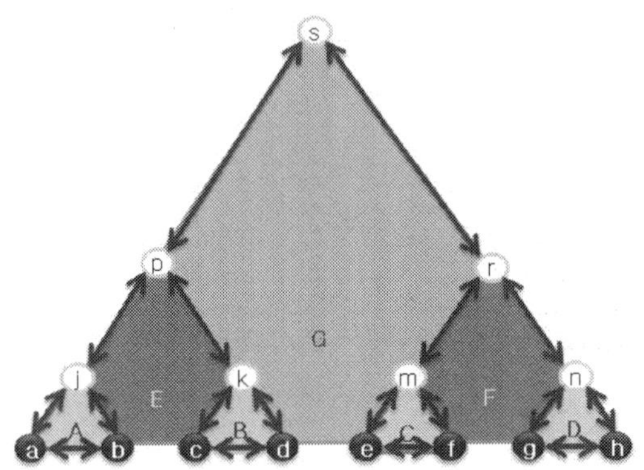

[그림 12] 일의 삼각구도

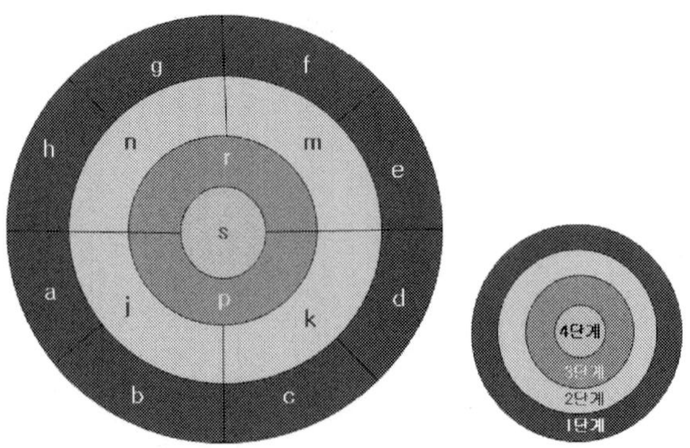

[그림 13] 일의 원환구도

[그림 12]와 [그림 13]의 a를 내가 하는 일 중의 하나라 하자. 나는 'a라는 일을 왜 하지?'라고 한 번 생각한다. 그러면 j('팀'이라 하자)라는 좀 더 큰 가치를 위해 하는 일 중의 하나이고, j는 b와도 같은 가치를 위해 연결되어 있음을 알게 된다. 그래서 한번의 '왜?'라는 질문을 통해 b와 소통할 수 있게 되었고, A라는 영역을 이해할 수 있게 되었다.

또다시 '왜?'라는 질문을 한 번 더 해 보자. 그러면 p('처'라고 하자)라는 좀 더 큰 가치를 알게 되고, p라는 가치를 통해 k와 소통할 수 있게 된다. 두 번의 질문으로 E라는 영역을 이해할 수 있게 되었다.

또다시 '왜?'라는 질문을 한 번 더 해 보자. 그러면 s('학교'라고 하자)라는 좀 더 큰 가치를 알게 되고, s라는 가치를 통해 r과 소통할 수 있게 된다. 세 번의 질문으로 G라는 전체 영역을 이해하게 되었다.

a뿐만 아니라 b, c, d, e, f, g 중 어느 일이든 세 번의 질문으로 모두가 s라는 대답에 이르게 된다. 아무런 질문을 하지 않으면 서로 담장을 높이 쌓아올린 8개의 서로 다른 일들만 존재할 뿐이다. 서로 집 안에 연금된 상태와 다를 바 없다. 하지만 한 번의 '왜?'라는 질문은 a, b가 서로 공유하는 j라는 마당을 만들었고, c, d는 k를 통해 소통했다. 이처럼 첫 번째 질문은 여덟을 넷으로, 두 번째 질문은 넷을 둘로, 세 번째 질문은 둘을 하나로 만들었다.

'왜?'를 통해 근본으로 나아가야 하는 다른 이유를 좀 더 살펴보자. a는 첫 번째 '왜?'라는 질문을 통해 j라는 일의 중심을 얻었다. 자신의 틀 속에 갇혀 있던 a는 이제 j를 중심으로 회전하여 b와 소통할 수 있게 되었다. 또 한 번의 질문은 a의 중심을 p로, s로 이동시켜 준다. 이는 a라는 일의 중심축, 즉 회전축이 더 높아져서 멀리 볼 수 있게 된다. j보다는 p, p보다는 s를 중심으로 회전하는 것이 훨씬 높이 날아서 멀리 볼 수 있다. 때로는 s보다도 더 높은 가치가 있다면 그것이 중심이 될 수도 있다.

결국 우리가 근본으로 나아가 얻고자 하는 것은 바로 그네의 회전축이다. 우리 책상 앞의 모든 일은 회전축을 가지고 있으며 그 축의 높고 낮음은 모두 우리의 몫이다. 하지만 일에서 또는 삶에서, 간단히 '왜?'라는 질문 하나로 그네의 축이 높아지는 것은 아니다. 각 단계 사이에는 아무런 벽도 존재하지 않는 듯하지만, 그 보이지 않는 벽이 휴전선보다도 넘나들기 힘들 수도 있다. 물리적 벽보다 마음의 벽이 더 높기 때문이다. 우리의 일을 익숙한 관행과 환경속에 스스로 마음의 벽으로 가두어 버린다면 여기에서 헤어나기란 참으로 어렵다.

그래서 일의 근본으로 나아가는 과정은 결국 자신의 마음의 벽을 허무는 과정이고, 이는 곧 마음의 수양이 필요한 '비움'의 과정이다. 좀 어설픈 철학 얘기 같지만 그리 틀린 얘기는 아닐 것이다. 비움이라는 마음의 수양이 책 속이나 산사에서만 존재하는 단어는 아닐테니까.

그네나 널뛰기는 옛날 우리 여인네들이 바깥출입이 자유롭지 못한 시절에 담장 밖의 세상을 볼 수 있는 수단이었다. 그 시절에는 이 놀이 자체가 기존 질서에 대항하는 수단이었고, 여권 신장을 위한 싸움은 아직도 진행 중이다. 마찬가지로 우리가 일의 근본을 찾았다 하더라도 기존 질서와 대면하였을 때 커다란 저항에 부딪힐 수도 있다. 누구나 자신의 수양만으로 일의 근본을 찾고 그 근본대로 일이 이루어진다면 쉽겠지만 세상은 누군가 담장 너머로 멀리 날아오르는 것을 쉽게 용납하지 않는다. 그렇다고 그네타기를 멈추면 여자들은 여전히 집 안에서만 살아야 했을 것이다.

어렵고 힘든 길이지만 우리의 일 중에서 한 가지라도 근본에 이른다면 나머지 일들도 근본에 이르기가 쉽다. 근본에 이르는 방법은 마찬가지이기 때문이다. 또한 아주 작은 일이라 하더라도 그 속에는 근본이 담겨 있고, 그 작은 일을 통해 깨달은 근본은 다른 큰 일을 통해 알 수 있는 본질과 같은 것이다. 집집마다 그네는 달라도 담장 너머로 보이는 바깥세상은 같은 것과 같은 이치이다.

이제 우리 앞에 있는 여러 일 중에서 하나를 골라 일의 중심축을 근본에 맞추도록 하자. 그리고 그 일을 통해 그네를 타고 세상을 보자. 그러면 아무것도 아닌 하찮은 것 같았던 그 일도 조직을 위해 훌륭한 보석이 될 것이다. 그리고 우리들 자신 또한 새로운 세상을 보게 될 것이다. 가곡 '그네'의 가사처럼, 우리 앞의 일들이 창공을 차고 나와 구름 속에 나부끼도록 하는 것은 모두 우리의 몫이다.

정책의 구상과 실현

　누구나 엄마의 손으로 빚은 쫄깃하고 시원한 수제비 맛에 대한 추억이 있을 것이다. 수제비가 내 입속에 들어와 쫄깃한 맛을 내기까지는 밀가루를 엄마의 손으로 몇십 번 주무르고 좌우로 늘리는 반복과정이 있었다. 밀가루는 한번 주무를 때마다 점점 찰기를 띠게 된다. 같은 재료라 하더라도 얼마나 정성스럽게 여러 번 반죽했느냐에 따라 그 맛이 다른 것을 우리 혀는 금방 구별해 낼 수 있다.

　정책도 마찬가지이다. 적당히 위에서 내려오는 지시나 외부 환경에 의해 마지못해 준비한 정책은 대충 반죽한 수제비 맛과 다를 바 없다. 그러한 정책은 십중팔구 시행되자마자 문제점을 드러내고 여기저기서 불만이 터져 나올 것이다. 잘못된 정책은 조직이 건강하면 금방 이상 신호를 나타내고 수정될 것이지만, 건강하지 못한 조직에 잘못된 정책이 도입되면 조직이 아픔을 느끼면서도 치유되지 못하고 오랫동안 조직에 해를 끼치게 된다. 그래서 정책은 처음부터 잘 만들어지는 것이 중요하고, 정책을 만들 때는 수제비 반죽을 하듯이 정성을 다해 생각하고 또 생각해야 한다. 그러면 그 정책은 엄마의 수제비와 같이 깊은 맛을 낼 것이다.

　정책을 어떻게 엄마의 수제비처럼 맛있게 만들어 낼 수 있을까? 정책을 수립하면서 엄마의 수제비를 떠올린다면 그 정책은 이미 절반은 성공했다고 할 수 있다. 정책을 엄마의 수제비처럼 잘 만드는 방법은 이미 우리 마음속에 있고, 또 충분히 찾을 수 있는 부차적인 문제이다. 문제는 엄마의 수제비처럼 맛있게 만들어야 하겠다는 생각 그 자체이다. 엄마가 수제비에 그토록 정성을 보태는 것은, 그 수제비를 먹을 사랑스러운 자녀를 생각하기 때문이다. 대상에 대한 애정이 맛있게 만드는 원동력이다. 정책을 만드는 것도 정책 대상에 대한 애정에서 출발해야 한다. 훌륭한 정책은 결코 재료나 지식으로 만들어지는 것이 아니고, 엄마의 수제비와 마찬가지로 애정과 정성으로 만들어진다. 돈이 많이 들어가고, 화려한 학문적 용어로 표현해야만이 훌륭한 정책은 아니다. 무엇보다도 대상에 대한 애정과 정성이 담긴 실무자의 손맛이 가장 중요하다.

정책을 만드는 실무자의 손맛을 살리기 위해서는, 수제비 반죽을 치대고 또 치대듯이 해야 한다. 정책을 만들어 내는 사람의 마음은 수제비를 반죽하는 그릇이고, 정책 수립에 필요한 행정적 수단과 외부 환경 등은 수제비 재료이다. 정책 재료들을 마음속에 넣어서 몇 십번을 되새겨야 한다. 물론 정책 대상에 대한 애정과 정성을 항상 잊어서는 안 된다.

수제비 반죽은 한쪽으로만 치대지 않는다. 힘을 가하고 늘리고 줄이고를 반복하면서 밀가루와 물이 골고루 섞여서 차지게 된다. 정책도 가지고 있는 행정적 수단과 외부 환경이 마음속에서 이리 저리 섞여야 한다. 한 번 생각하고, 두 번 생각하고, 세 번 생각하고, ……계속 반복해야 한다. 마음속에서 되새김할 때 가능한 한 많은 가정을 떠올려야 한다. 억지로 생각을 반복할 필요는 없다. 정책의 근본만을 마음속에 담아 두고 있으면 자연스럽게 떠오를 것이다. 다만 정책을 만들어 내는 그릇인 나에게 여유시간을 부여해야 한다. 아마도 업무 중에는 어려울 것이다. 눈앞의 다른 업무와 전화에 시달리다 보면 잠시라도 집중할 시간이 없을 것이다. 가장 좋은 시간은 바쁜 업무로부터 빠져나와 일상 속에서 버려지는 무의식적인 잠깐 동안의 시간을 활용하는 것도 좋다. 퇴근 중에 차를 기다리거나 차 안에 있는 시간, 퇴근해서 샤워하는 시간, 화장실에 앉아 있는 시간과 같은 잠깐의 짬이면 된다. 그 무의식적인 잠깐 동안 마음속에 구상 중인 정책이 자연스럽게 생각나도록 해보자. 물론 여러 생각이 있다면 애정과 정성의 순서에 따라 떠오를 것이다.

정책의 반죽 과정에서 외부와의 소통도 중요하다. 기회가 될 때마다 생각 중인 미완의 정책이 외부와 소통되도록 하고 반응을 살펴야 한다. 외부와 소통하지 않고 자신의 내부에서만 반죽이 된 정책은 자칫 독선으로 흐를 가능성이 있다. 자신의 생각을 외부에 알리고 외부의 반응에 따라 다시 수정하고, 수정된 생각을 다시 외부에 알리고, 외부의 반응에 따라 또 수정하고……이러한 반복 과정이 중요한 것이다. 수제비 반죽이 밀가루와 물의 단순한 조합이 아니고, 한번 치댈 때마다 외부 공기가 유입되듯이 말이다.

정책의 구상과 정책이 실현되는 과정은 별개이다. 정책의 전 과정을 하나의 일생으로 본다면, 정책의 구상은 알에서 깨어나기 이전의 단계에 불과하다. 아무리 훌륭한 정책이나 아이디어라 하더라도 행정적으로 실현되지 않으면 아무 소용이 없다. 내 속에서 잘 반죽이 된 정책을 이제 세상에 나오게끔 해야 한다. 수제비 반죽을 너무 많이 치대거나 적게 치대도 문제이고 물이 끓기도 전에 넣어도 문제가 되듯이 정책을 성공으로 이끌기 위해서는 세상에 내놓는 시점을 잘 정해야 한다. 그리고 정책이 살아서 조직에 잘 정착하도록 돌봐 주어야 한다.

정책의 구상단계에서는 다른 사람이나 환경으로부터 어느 정도 독립하여 자신의 전략적 능력을 최대한 발휘하면 된다. 이 단계에서는 가급적 외부의 부차적 요소보다는 정책이 추구하는 근본적 목적에 귀를 기울이면 된다. 하지만 정책의 실현은 행정조직 내에서 수용되어야 하기 때문에 많은 사람이 관여하게 되고, 조직 내부의 구조나 이해관계에 따라 변화를 겪게 된다. 정책이 실패하는 많은 경우는 정책이 세상에 나오면서부터 주인을 잃고 정처 없이 헤매기 때문이다.

정책도 살아 있는 생명과 마찬가지이다. 부모가 자식을 키우는 것과 같은 심정으로 끝까지 지켜보는 마음이 필요하다.

토론 지도(map)

　회의석상에서 토론을 하다 보면 소통이 참 어렵다는 것을 느끼게 된다. 같은 언어를 사용하고 있지만 상대방의 뜻을 정확히 이해하는 것은 거의 불가능하고, 더구나 상대방의 말을 거의 듣고 있지 않는다. 그래서 회의가 중반쯤 되면 이미 주제가 다른 방향으로 흘러가고, 결국에는 회의 개최 목적을 잃어버리고 결론이 없는 회의가 되기 십상이다.

　등산에서 지도가 필요하듯이, 토론에도 토론지도가 필요하다. 주말에 직장동료가 모처럼 등산하기로 하였다고 하자. 등산을 하기 위해서는 무엇보다도 목표지점을 우선 정해야 한다. 이는 토론에 있어서 토론 주제를 정하는 것과 같다. 강북구, 성북구, 종로구, 고양시 등에 살고 있는 동료들이 북한산 백운대에서 일요일 정오에 만나기로 할 수도 있고, 아니면 우이동 도선사 앞에서 만나 같이 등산할 수도 있다. 토론의 주제를 정함에 있어서도 이처럼 명확히 논의할 내용을 서로 이해해야 한다. 토론에 참여하는 사람들이 명확한 주제 인식이 없이 막연한 생각을 가지고 참여한다면 그 토론의 결과는 뻔하다. 이는 등산 약속을 하면서 '북한산에서 12시에 만납시다.'라고 약속하고 각자 등산을 하는 것과 같다. 어떤 사람은 당연히 북한산의 제일 높은 백운대에서 만나자는 것으로 이해할 수 있고, 어떤 사람은 지난주에 만났던 대동문에서 만나자는 것으로 생각할 수도 있다. 등산의 목표지점을 정하고, 토론의 주제를 참여자들이 서로 정확하게 인식하는 것이 토론을 성공으로 이끄는 첫 번째 포인트이다.

하지만 토론의 주제를 서로 정확히 인식하고 참여하는 것은 생각보다 쉽지 않다. 등산을 할 때 백운대를 목표로 정했다면 강북구에서든 종로에서든 보이는 모습은 다르지만 목표로 하는 지점은 변함없이 한곳이다. 그래서 백운대에서 만나기로 했으면 어김없이 누구나 찾아올 수 있다. 자연은 늘 거기에 있으며 변함이 없다. 사람이 자연을 좋아하고 등산을 하게 되는 이유도 바로 자연의 이러한 매력 때문일 것이다.

그러나 우리가 토론하고자 하는 주제는 뚜렷하지 않고 가변적이다. 그래서 토론을 시작하기 전에 서로 주제를 정확히 인식하고 있는지 살펴야 한다. 아마도 출발선상에서부터 잘못된 경우가 허다할 것이다. 이 점을 간과하면 상호간에 서로 같은 주제를 가지고 토론을 하는 것 같지만 시간이 지나면서 서로의 관점이 다르고 지향하는 목표가 처음부터 달랐다는 것을 나중에야 알게 될 때가 많다.

토론을 성공으로 이끄는 두 번째 포인트는 토론 중에 길을 잃지 않는 것이다. 백운대를 목표로 등산하는 중에는 수많은 갈림길이 있을 것이고, 자칫 잘못하면 길을 잃고 헤매게 될 것이다. 특히 인적이 드문 등산로를 따라 산행을 하다 보면 가끔은 종종 산짐승들이 다니는 길로 잘못 접어드는 경우가 있다. 이러한 경우 경험이 많은 등산가들은 본능적으로 길을 잘못 들었음을 직감하고, 얼른 제자리로 되돌아가서 원래의 길을 찾아간다. 그러나 초보자들은 자신이 길을 잘못 들어선 것을 알기까지 많은 시간을 허비하게 되고, 때로는 엉뚱한 곳에서 헤매다가 등산을 포기하기도 하며 자칫 위험에 빠지기도 한다.

토론도 마찬가지다. 한참 열띤 토론을 하다 보면 엉뚱한 방향으로 빠져 처음에 목표로 했던 토론의 주제와 너무 멀리 벗어나게 된다. 누군가 다시 토론의 주제를 상기시켜 주고 원점으로 돌리지 않으면 정작 논의하고자 하는 주제와는 상관없는 엉뚱한 논쟁을 하다가 흐지부지 회의가 끝나고 말 것이다. 특히 토론의 주제가 많은 업무와 관련이 되어있고, 그 결과에 따른 파생적 효과가 큰 경우에는 참여자들이 자신들의 관점에서만 접근하려 하기 때문에 그 주제에 근접도 못하고 난상토론만 할 가능성이 많다.

토론을 주제에서 벗어나지 않고 좋은 결론으로 이끌어 가기 위해서는 서로 마음속에 토론 지도(map)를 가지고서 항상 샛길로 새지 않는지 경계하고 토론에 임해야 한다. 대체로 토론을 하는 주제는 그동안 해결되지 않은 일이라든지 새로운 영역을 개척하는 일이 될 것이다. 그래서 그 주제와 연관된 관련 업무도 살피면서 토론의 범주 속에 넣어 논의하게 된다. 다소 주제와 벗어났다 하더라도 그 주제와 연관이 있기 때문에 논의하는 것이지만 가급적 주제에서 멀리 벗어나지 않도록 노력하고, 그 논의는 되도록 빨리 끝내고 다시 본론으로 돌아와야 한다. 그렇지 않고 꼬리에 꼬리를 물고 어느 한 방향으로 흘러가 버리면 그날의 토론 주제는 사라질 뿐만 아니라 문제 해결에 도움이 안 된다. 토론을 하는 가장 중요한 목적은 각자 서로 다른 환경과 조건에서 목표를 위해 지혜를 모으는 것이다. 그것은 바로 서로 다른 등산로를 따라 길을 잃지 않고 끝까지 올라 북한산의 최고봉인 백운대에서 만나는 것과 같다.

토론을 성공으로 이끄는 세 번째 포인트는 끝까지 도달해야 한다는 것이다. 토론이 목표하는 그 끝에까지 가야 그 토론의 주제를 온전히 파악할 수가 있고, 최적의 대안이 나올 수 있다. 하지만 온전히 끝에까지 이른다는 것은 참으로 어려운 일이다. 대부분의 토론은 중간에서 서로 길을 잃어버리거나 엉뚱한 변수들이 튀어나와 토론이 중단된다. 토론이 주제에서 벗어난 경우는 시간을 두고 제자리로 돌아와서 다시 논의를 시작하면 되지만 돌발 변수를 만나서 토론 자체가 중단되는 것은 토론의 주제에 대한 논의를 원천적으로 가로막는 결과를 가져온다. 따라서 그 돌발변수를 돌파할 것인지 주저앉을 것인지 신중한 검토와 결정이 있어야 한다.

큰 산을 오르기 위해서는 수많은 크레바스, 예기치 않은 눈사태, 변덕스런 날씨 등의 고비를 넘어야 한다. 훌륭한 등반가는 위기의 순간 자신의 동물적 본능으로 현재 상황을 파악하고 오를 것인지 아니면 내려갈 것인지 결정한다. 토론을 할 때도 수많은 돌발변수가 있을 것이다. 토론을 끝까지 이끌기 위해서는 이러한 돌발변수의 상황을 냉철하게 판단할 수 있는 본능을 키워야 한다.

토론의 진행과정에서 나타나는 돌발변수를 극복할 수 있는 방법 중의 하나는 상호간의 가치를 비교하여 우위에 있는 쪽을 선택하는 방법도 좋을 것이다. 예를 들면 A 업무를 추진하고자 하는데 B 업무에 손실이 발생할 것으로 예상된다고 하자. 그러면 A 업무를 실현함으로써 얻는 가치와 B 업무의 손실에 대한 가치를 비교하여 A의 실현가치가 B의 손실가치보다 크면 A 업무를 추진하는 방향으로 결정하는 것이다. 그러면 조직 전체적으로는 가치가 상승할

것이다. 그리고 새롭게 문제가 제기된 B의 문제를 해결하기 위한
또 다른 업무가 발생한다. 하지만 B는 A보다는 작은 문제일 것이
고, 그 해결방안도 A보다는 어렵지 않을 것이다. 이처럼 큰 문제를
먼저 해결하고, 그에 파생되는 작은 문제를 해결하는 것이 전체적
으로 이득이 될 뿐만 아니라 순리대로 해결하는 과정일 것이다.

토론이 정상까지 오르지 못하고 실패했다면, 토론의 과정을 다시
되새겨 보자. 참여자가 서로 같은 주제로 토론하고 있었는지, 가다
가 샛길로 새지 않았는지, 문제에 봉착했을 때 슬기롭게 극복했는
지를 말이다.

원칙의 최소와 최대 사이

　행정은 의사결정의 연속이다. '나는 일이 정해져 있고 시키는 일만 하면 되기 때문에 내가 의사결정할 일이 거의 없는데요.'라고 생각하는 사람도 있겠지만 자신이 하는 일을 되돌아보자. 자신의 판단과 의지가 들어가지 않고 할 수 있는 일이란 없지 않은가. 일손을 잠시 쉬고 점심을 먹으러 식당에 가서도 식당 아주머니가 꼭 물어본다. '무엇을 드실래요.'라고.

　시키는 일만 하고 의사결정할 일이 없다는 말은 '저는 하루 중에 의미 있는 시간이 거의 없는데요.'와 같은 뜻이 된다. 실제로 그러한가? 아니다. 판단이 필요없는 정해진 업무라고 여겨지는 것들도, 시키는 대로만 하겠다는 생각 자체도 모두 자신의 생각과 의지의 결과이다. 의사결정의 영향력 차이만 있을 뿐, 행정은 최고 의사결정권자이든 실무자이든 매 순간 의사결정의 순간들이 연속되는 과정이다.

　행정 일선에 있는 실무자의 의사결정의 한 단면을 살펴보자.

　잘 갖추어진 규범이 있고, 그 원칙에 따라 처리하는 업무도 실무자의 의사결정이 필요한 영역이 존재한다. [그림 14]의 A선을 최소한의 규범이라고 하고, B를 규범이 최대한 허용할 수 있는 범위라고 하자. 그러면 A와 B 사이의 영역은 실무자가 융통성을 발휘할 수 있는 영역이다. 행정업무 대부분은 이처럼 최소규범과 허용할 수 있는 최대치, 그리고 융통성을 발휘할 영역이 존재한다. 이 융통성 영역이 존재하기 때문에 업무수행자에 따라 행정의 결과가 달라지고, 전체 행정조직의 역량에 영향을 미친다.

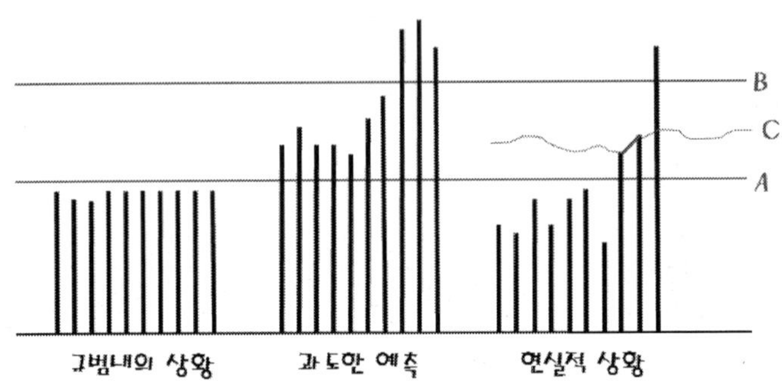

[그림 14] 규범의 적용

업무를 가장 정확하고 명확하게 처리하는 방법은 A선을 유지하는 것이다. 일체의 융통성을 발휘하지 않고 엄격하게 규범을 적용하는 사례이다. A선을 유지하는 행정은 누구에게나 공평하고 일관된 기준을 적용할 수 있다는 장점이 있다. 또한 명확한 원칙과 계량화가 가능하기 때문에 많은 부분이 전산시스템으로 자동화할 수 있다. 이와 같은 A선을 유지하는 업무수행자에게는 유연한 성격보다 정확한 성격의 소유자가 적합하다. 따라서 A선의 특성을 파악하고, 해당 업무와 업무수행자를 잘 배치하는 것이 전체적으로 행정효율을 높일 수 있다.

융통성 영역은 그 범위가 다를 뿐 어느 업무에 있어서나 존재한다. 이 영역은 혼돈의 영역이면서 창조적 영역이기도 하다. 실무자의 갈등과 고민은 이 융통성 영역 내에서 발생한다. 이 고민과 갈등의 원천을 없애는 방법은 A선을 유지하는 것이다. 하지만 A선을 엄격하게 유지할 것인지 아니면 융통성 영역을 적용할 것인지는 팀 내의 의견수렴이 있어야 하며, 단순히 실무자의 편의를 위한 관점에서 적용하면 안 된다.

융통성 영역이 혼돈의 영역이 될 것인지 아니면 창조적 영역이 될 것인지는 그 영역을 관리하는 실무자에게 달렸다. 융통성 영역이 혼돈의 영역이 되는 것은 자칫 A선, B선 자체를 무력화시킬 수 있기 때문이다. 이런 경우는 차라리 A선을 유지하는 전략이 낫다. 하지만 행정조직은 과감히 A선을 뛰어넘어 능동적으로 융통성 영역을 관리해야 할 필요가 있으며, 이 영역에서는 창조적 행정능력이 요구된다.

실무자가 A선을 버리지 못하는 몇 가지 원인은 대략 다음과 같을 것이다. 첫째, 실무자가 규범에 절대적으로 의지하는 경우이다. 이는 규범이나 주변의 환경보다는 실무자 본인의 문제에 해당한다. 둘째, A선을 포기했을 때 A선을 기준으로 적용되던 업무가 A선을 넘어 규범을 무력화하고 행정적으로 통제 불가능할 것이라는 과도한 예측이다. 하지만 현실에서는 융통성 영역을 인정하더라도 과도한 예측과 같은 상황은 거의 발생하지 않는다. 융통성 있게 업무를 처리하더라도 70%는 A선을 넘지 않고 자율적으로 규범 내에 속할 것이고, 20%는 융통성 영역 내에서 합리적으로 해결될 것이다. 이 20%는 융통성이 정말 필요한 영역이며, 이들에게 개별 맞춤 행정 서비스를 제공하여야 한다. 따라서 실무자는 20%를 위한 새로운 C선을 만들어야 하며 이것이 행정가의 역할이다.

문제는, 걱정하지 않아도 되는 70%와 개별 맞춤 행정이 필요한

20%를 제외한 영역, 즉 B선의 융통성 영역마저 뛰어넘거나 융통성이 필요 없음에도 융통성 영역 내로 진입하고자 하는 10%이다. 융통성을 발휘하면 이 10% 정도의 부적합한 사례는 예상된다. 하지만 부적합 사례가 10%를 넘어 100% 모두 그러할 것이라는 추측은 무리가 있다. 모든 일의 개선에는 긍정적 결과와 그에 따른 부정적 요소가 항상 같이 존재한다. 20%의 창조적 영역을 위해서는 불가피하게 발생할 수밖에 없는 10%의 부정적 요소를 인정해야 한다. 이 10%는 융통성 있게 업무를 처리하면서 발생하는 추가적 행정업무이다. 하지만 이 10%의 추가적 관리 노력이 번거로워 A선을 벗어나지 못한다면 20%의 창조적 영역을 포기해야 한다. 그러므로 10%의 추가적 행정노력은 20%의 창조성을 얻어 내기 위한 대가로 봐야 할 것이다.

실무자는 행정업무의 일선에서 항상 A선에 맞닥뜨려 있다. 이때 실무자는 항상 다음과 같은 몇 가지 사항을 고려해 보는 것이 좋다.

첫째, A선은 절대적 규범이 아니고 최소한의 규범이다.

둘째, 융통성 영역을 창조적 영역으로 만들자.

셋째, 새로운 규칙을 만들어라. C는 항상 움직이는 곡선이다.

행정업무 일선에서 위와 같은 융통성 영역을 염두에 두고 일을 한다면 아래의 업무 절차를 유지하는 것이 좋다.

첫째, 규범을 넘어서는 요청이 있을 때 즉각적인 거부를 하지 말고 일단 의견을 접수하자. 의견을 접수하는 경우는 의견자의 실명과 연락처가 포함된 서면으로 접수하는 것이 좋다.

둘째, 행정부서 내에서 접수된 의견을 충분히 상의하자.

첫 번째 업무절차는 현장에서의 불필요한 마찰을 피하고, 행정부서에서 의견을 수렴할 수 있는 여유를 갖고자 함이다. 또한 이 절차는 '고객에게 답이 있다.'는 기본적 원리를 자연스럽게 적용하게 하는 효과가 있다. 업무수행자는 A에 대한 고정관념으로 고객이 무리한 요구를 하고 있다는 생각을 버리고, 고객이 새로운 창조적 아이디어를 제공할 수도 있다는 생각으로 임해야 한다. 그래서 소중한 의견을 흘려버리지 않고 서면으로 받고, 차후 추가적 의견을 받거나 결과를 회신하기 위해 의견제시자의 실명과 연락처를 받아 두어야 한다. 이러한 행동원칙은 의견의 수용 여부를 떠나서 민원인에게 행정의 신뢰감을 높여 주고 차후 요구사항이 받아들여지지 않더라도 민원인에게 이미 이를 수용하게끔 마음의 준비 자세를 갖추도록 하는 부수적 효과도 있다.

두 번째 업무 절차는 실무자와 그가 속한 조직과의 소통에 관한 것이다. 실무자는 일선 업무에서의 모든 업무가 조직 내부와 연결되어 있어야 한다. 특히 융통성 영역에서의 문제는 조직 내부에서 의견 수렴 절차를 거칠 수 있도록 실무자가 통로 역할이 되어야 한다. 실무자는 현장의 문제를 내부로 가져와서 조직과 함께 합의된 대안을 찾아야 한다. 실무자가 이 통로를 차단한다면 조직의 소통은 단절된다.

행정 실무자는 현장에서 매일 살아 있어야 한다. 그리고 소통의 통로가 되어야 한다. 그렇지 않으면 그 조직 또한 숨을 쉴 수가 없을 것이다.

긍정과 부정의 힘

행정조직 내의 한 구성원이 조직에서 할 수 있는 일의 크기는 얼마나 될까? 자금의 집행결재권한의 크기로만 보면 그 행정적 권한이 너무나 미미해 보인다. 공금을 집행할 경우 평직원은 10원도 자기 결재권을 가질 수 없고, 수십 년 근무한 부장의 전결권은 100만 원이다. 구성원 누구나 조직 밖에서는 누구도 자신을 대신해 주지 않고 무한책임과 권한을 가지는데 조직 안에만 들어오면 유치원생보다도 못한 정도의 전결권 크기를 보면 가끔은 초라하고 무기력한 느낌마저 들기도 한다.

과연 내가 조직에 미치는 영향력과 나의 가치가 이 정도인가? 내가 할 수 있는 일의 크기를 전결권과 동일하다고 생각해도 되는가? 물론 그렇지 않음을 우리 내면에서는 이미 알고 있다. 전결권의 크기만큼 나 스스로 축소시키고자 한다는 것을. 조직 내에서 내가 할 수 있는 권한의 크기가 커지면 책임도 커지고 성과를 내야 할 일도 많아진다. 그래서 스스로 권한을 줄여 온 결과가 전결권으로 표현된 것이라면 너무 주관적이고 씁쓸한 해석인가? 하지만 구성원이 능력을 발휘할 수 있는가의 측면에서 보면, 자의든 타의든 조직 문화가 이를 일부 억제하고 있음을 부인하기는 어렵다.

행정조직의 한 구성원으로서 내가 할 수 있는 일의 크기는 눈에 보이는 것보다 훨씬 크다. 내가 할 수 있는 일의 크기를 정확히 이해하기 위해서는 나의 보이는 것과 보이지 않는 모든 역량을 함께 봐야 한다.

내가 할 수 있는 일의 역량을 두 가지 관점으로 나누어 볼 수 있다. 하나는 새로운 일을 창조하는 능력이고, 또 다른 하나는 조직을 유지, 관리하는 능력이다. 이 두 가지 관점에서 내가 할 수 있는 일이 조직에 도움을 주는 긍정적 결과로 나타날 수도 있고, 오히려 조직에 도움이 되지 않는 부정적 결과로 나타날 수도 있다. 이처럼 내가 할 수 있는 일과 조직에 미치는 영향과의 관계는 [그림 15]와 같다.

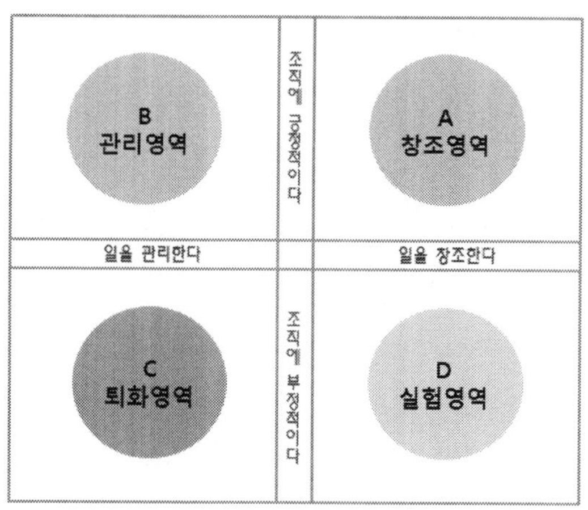

[그림 15] 내가 할 수 있는 역량과 조직에 대한 영향력

새로운 일을 창조하면서 조직에 긍정적 결과를 가져오는 영역을 '창조영역(A)'이라 하고, 새로운 일을 창조하기보다는 기존의 질서에 따라 관리하는 위주의 일을 하면서 조직에 긍정적 결과를 가져

오는 것을 '관리영역(B)'이라 할 수 있다. 반면 일을 창조하거나 관리하지만 조직에 부정적 영향을 미치는 일도 있다. 그중에서 새로운 일을 시도하지만 실패를 경험하고 결과적으로 현재의 조직에 부정적 결과를 가져오는 것을 '실험영역(D)'으로 정의할 수 있다. 이 영역은 이른바 벤처정신 또는 개척정신에 속한다 할 수 있다. 당장은 조직에 별 도움이 안 되지만 조직에 대한 미래 투자로 보면 될 것 같다.

마지막 한 영역은 창조성보다는 관리 위주의 일을 하면서 조직에 부정적 영향을 미치는 결과를 가져오는 '퇴화영역(C)'이다. 퇴화영역은 당연히 조직에서 발생하지 않고, 없었으면 하는 영역이다. 하지만 조직이 존재하는 한 이 부분의 존재는 불가피하다. 오히려 존재를 부인하고 없는 척하는 것이 더 큰 문제이다. 퇴화영역의 무서움은 보이지도 않고 냄새도 없다는 것이다. 내가 이 영역에 자리 잡고 앉아 있어도 스스로 그 사실을 인식하기도 어렵다.

퇴화영역에 빠져드는 것은 그리 어렵지 않다. 그 하나의 유형은 조직 내에서 '아무것도 하지 않음'과 같은 경우이다. 자신의 '아무것도 하지 않음'이 조직에 부정적이지 않고 다만 무해무득(無害無得)한 행동이라고 애써 부인할지도 모른다. 하지만 조직 내에서 '아무것도 하지 않음'은 자신이 조직의 중요한 혈관을 막고 있는 것일 수도 있다. 내가 조직 동맥경화에 일조하고 있는 셈이다. 이러한 '아무것도 하지 않음'은 전혀 보이지 않아 조직의 눈으로 확인할 수 없다.

퇴화영역에 속하는 또 다른 유형은 맡은 바 일은 열심히 하는 것 같은데 이 '지속적인 업무'가 조직 시스템의 움직임에 별로 도움이 되지 않거나 오히려 더 둔화시키는 경우이다. 즉 조직 시스템에 역행하는 것이다. 여기에서 '지속적인 업무'라 하는 것은 개인이나 부서가 일을 수행함에 있어 일시적으로 실패한 업무를 말하는 것이 아니라, 지속적이고 평균적으로 이루어지는 일상적 업무를 말한다. 창조의 과정에서 실패하는 경우는 미래에 대한 투자로 볼수 있지만, 관리의 과정에서 조직 시스템에 역행하는 것은 그대로 손실이다.

역행의 원인은 다른 요소들과 복합적으로 연계되어 있어 쉽게 규명되지 않는다. 조직이 전기배선과 같이 연결되어 있다면 어느 부분의 전선이 끊어져 있는지, 어디가 합선되어 있는지 쉽게 찾아낼 수 있다. 하지만 조직은 사람과 사람의 연결고리이다. 그래서 규명하기 어렵다.

이제 앞서 언급한 전결권에 대한 이야기로 되돌아가 보자. 이 전결권은 어느 영역에 속할까? 일단은 일을 창조하는 쪽에는 해당되지 않으니 일을 관리하는 영역으로 보는 것이 좋겠다. 그리고 전결권 자체가 조직에 긍정적인지 부정적인지 알 수 없고 활용하기 나름이므로 활용 여부에 따라 B 아니면 C가 될 것이다. 따라서 전결권은 내가 가질 수 있는 네 가지 역량 중의 하나에 불과하고, 그 영역 내에서도 소극적으로 활용한 사례에 불과하다.

나는 어느 영역에 있는지 스스로 되돌아보자. 내 위치를 정확히 인식하는 그 자체로 이미 절반은 자기 혁신에 성공한 것은 아닐까.

직관

　대학 행정의 장점이자 단점은 필요한 지식이 항상 곁에 있다는 것이다. 그것도 각 분야의 최고 지성들이 곁에 있다. 대학 행정은 필요에 따라 그들의 지식을 빌릴 수 있고 언제든지 활용할 수 있다. 그러나 최고의 지성에 의한 행정은 오히려 대학 행정에 별로 도움을 주지 못하는 경우가 많다. 학문적 능력과 행정능력은 서로 별개임에도 불구하고 이를 동일시하는 착시현상 때문에 그들에 의한 행정은 자칫 독선으로 흐를 가능성이 크기 때문이다.

　최고의 지성이 행정과 만났을 때 독이 될 수 있는 또 다른 요인이 있다. 그것은 바로 직관보다는 지성에 의존하려는 학자들의 성향이다. 의사결정의 결정적인 순간에 그들은 대체로 '직관'보다는 분석적 방법을 통해서 '연구'해 보고 판단해 보려고 한다. 그들이 중요한 결단의 순간에 결론을 유보하고 분석적 연구결과를 바탕으로 판단하려 하는 것은 학자로서 몸에 밴 당연한 습관일 것이다.

　하지만 행정이 이와 같은 학술적 방법을 통해서 매번 의사결정을 할 수는 없는 일이다. 이와 같은 방법은 때로는 좋은 결과를 가져오기도 하지만 대부분 행정 현실과는 다소 거리가 있고, 이론적 배경과 일반적 결론으로 마무리되기가 십상이다. 정책결정자 책상 위에는 좀 더 많은 정보와 분석된 자료로 무장한 보고서가 추가로

쌓일 것이지만 어디에도 '이것이 답이다.'라고 확신을 주는 문구는 없다. 다시 결정의 순간에 돌아왔지만 더 많은 정보가 오히려 직관력을 흐트러뜨리는 결과를 가져오기도 한다. 또한 정보를 손에 쥔 그 순간에는 이미 의사결정의 중요한 시점이 지나간 이후인지도 모른다.

지금 주식을 살 것인가, 지금 이 아파트를 계약할 것인가, 지금 LED TV를 사야 하는 시점인가, 우리는 일상에서 자주 최종 결정의 순간을 맞는다. 누구는 주식을, 또는 아파트를 제때 잘 사서 두 배 세 배 올랐다고 한다. 하지만 우리는 항상 그때 샀어야 하는데, 팔았어야 하는데 하고 후회한다. 현실에서 중요한 의사결정의 기회는 순간적으로 지나가는 경우가 많다. 또한 학자들의 분석적 사고는 대체로 직관보다 늦다.

철학적 의미는 전혀 모르겠지만, 지성과 직관이라는 것은 시간이라는 요소를 빼면 결국 같은 것일 것이다. 지성이 근육처럼 자신과 한 몸이 되어 외부의 반응에 대해 즉각적으로 반응하면 그것이 바로 직관일 것이다.

행정은 의사결정의 연속이고, 의사결정의 중요한 한 요소는 시간이다. 오늘 결정되거나 내일 결정되어도 상관없는 일들도 있을 수 있다. 하지만 행정의 많은 과정은 순간적 판단을 요구한다. 기자가 총장에게 질문하는 순간이나 민원인이 전화로 실무자에게 질문하는 그 순간에 총장이나 실무자는 의사결정을 해야 한다. 기자 회견 후 또는 민원 전화를 내려놓고 나서 어떻게 답변을 주어야 하는지를 결정하지는 않는다. 행정은 즉각적인 반응을 요하는 지성, 즉 직관이 필요한 순간들이 너무나 많다.

하지만 아쉽게도 대학은 의사결정이 느리다. 그 느린 이유 중의 하나는 너무 똑똑하기 때문이다. 2004년 12월 인도양에 쓰나미가 닥쳤을 때 코끼리는 산으로 올라가 천재지변을 피했고, 사람들은 30여만 명이나 희생되었다. 쓰나미가 들이닥치는 결정적 순간에 인간의 느린 지성보다는 코끼리의 빠른 육감이 생명을 살린 것을 상기할 필요가 있다.

변혁의 맥

　매년 가을이면 청명한 가을 하늘 아래 직원체육대회가 열린다. 항상 사무실에서 흰 와이셔츠와 양복을 걸친 동료로만 대하다가 편안한 복장으로 가족의 손을 잡은 그들의 또 다른 모습을 보면서, 내가 누군가를 여태껏 한 면만 보고 살았구나 하는 작은 각성을 하게 된다.

　체육대회 프로그램 중에 전략적 줄다리기가 있다. 양 팀이 운동장 끝에 횡대로 서 있다가 심판의 호각신호와 동시에 운동장 가운데 놓인 짧은 줄다리기 줄을 향해 달려가서 줄을 먼저 잡아 자기편으로 가지고 오는 게임이다. 달리기가 아주 빠른 사람이 아닌 한, 서로 중앙선 근처에서 작은 줄다리기 시합이 벌어진다. 첫판을 끝내고 곰곰이 상황을 살펴보니, 모든 사람이 달려서 자기편으로 잡아당기는 방식, 즉 전통적 줄다리기를 하고 있었다. 나는 전략적 줄다리기 게임의 규칙 안에서 이길 수 있는 대안을 생각했고 한 가지 전략을 떠올렸다. 두 번째 판이 시작되었을 때 나는 뛰어가는 목표지점을 바꾸었다. 서로 자기편에서 가장 가까운 줄 끝을 먼저 잡으려고 달려가는 동안 나는 상대편 진영을 옆으로 돌아갔다. 내가 상대편 옆으로 돌아가는 사이 벌써 양쪽에서 수많은 사람이 각자 자기 진영에서 줄을 잡고 팽팽히 맞서 있는 상황이었다. 나는 그 순간을 놓치지 않고 열심히 줄을 잡아당기고 있는 상대방의 옆을 밀쳤다. 상대방은 순식간에 허를 찔려서 진영이 무너졌고, 전열이 흐트러지지 않은 우리 편으로 순식간에 끌려가고 말았다. 작전은 통쾌하게 먹혔고, 상대방은 이게 무슨 반칙이 아닌가 하고 어안이 벙벙하였다. 그러나 아무도 나에게 그것이 반칙이라고 말하지 못하였고, 오히려 다음 판부터는 상대방도 같은 전략을 구상했다.

사람들은 전략적 줄다리기의 첫판에서 '전략적'이라는 것을 간과하고 전통적 줄다리기의 규칙으로 경쟁해야만 한다고 무의적으로 생각했다. '전략적'이라는 게임규칙이 '줄다리기'라는 말 앞에 붙어 있음에도 줄다리기라는 말에만 집중한 고정관념의 탓이다.

조직 내부의 잘못된 고정관념을 타파하고, 변혁의 맥을 찾아 긍정적 변혁을 이루기 위해서는 전략적 줄다리기와 같은 경험이 필요할지 모른다. 전략적 줄다리기를 단순한 줄다리기라고 생각하는 것과 같은 고정관념을 탈피하기 위해서는 조직의 목표 이외에는 모든 것을 다 버리고 처음부터 다시 생각해야 한다. 우리가 일상적으로 하는 일들이 맹목적으로 반복되는 방법들이고 잘못된 고정관념으로 쌓여 있을 가능성이 크고, 이 고정관념은 큰 조직 속에 있으면 헤어나기가 어렵다. 이러한 고정관념을 벗어나는 하나의 방법은 전략적 줄다리기의 게임규칙을 상기해보듯, 조직의 목표를 다시 생각하고 목표에 맞는 방법인지 되돌아보는 것이다.

전략적 줄다리기가 주는 또 하나의 메시지는 전략적 줄다리기에서 상대를 허무하게 무너뜨리는 맥이 있듯이 조직을 변혁할 맥도 어딘가에 반드시 존재한다는 것이다. 대부분의 구성원은 조직의 멍청함과 문제점은 알지만 조직을 내 힘으로 변화시키기에는 그 조직이 공룡과 같이 너무 크다고 느낀다. 그러나 조직을 망가뜨리는 맥도 존재하지만 긍정적 변혁의 맥도 반드시 존재한다. 그 맥을 찾는다면 변혁에 필요한 힘도 생각보다 크지 않을 것이다.

리더

　주 5일 근무제가 정착되면서 주말이면 각종 레포츠를 즐기는 사람들이 늘어나고 있다. 강변을 따라 자전거를 타거나 인라인 스케이트 등으로 주말을 가볍게 즐기기도 하고, 도심을 떠나서 동호회원들과 함께 수상스키, 윈드서핑, 등산, MTB 등의 본격적인 레저 스포츠를 즐기는 사람도 많다. 그중에서도 레포츠의 꽃은 패러글라이더가 아닌가 싶다. 글라이더를 등에 메고 바람의 힘으로 하늘로 날아올라 발아래 산하를 굽어보는 그 짜릿한 느낌은 모든 스트레스를 한꺼번에 날려 버린다.

　패러글라이더를 타기 위해서는 우선 지상 훈련을 한다. 처음에는 패러글라이더를 어깨 뒤에 부착하고 앞을 향해 달리면서 하늘로 띄우는 연습을 반복하게 되고, 일단 하늘로 띄워진 패러글라이더를 이리저리 조작하면서 형태가 무너지지 않고 부력을 유지할 수 있도록 기술과 감각을 익힌다. 이러한 충분한 지상훈련을 마치고 나면 드디어 산 위의 활공장에서 패러글라이더를 타고 하늘로 뛰어오르는 멋진 경험을 하게 된다.

　패러글라이더가 하늘을 나는 것은 패러글라이더의 날개('캐노피'라 함)가 상승하는 바람을 안고 이끌기 때문이다. 패러글라이더를 탄 사람은 하늘에 떠있는 패러글라이더에 몸을 맡기고 캐노피와 자신사이에 연결된 끈('라이저'라 함)을 통해 바람의 각도와 세기를 조정해서 나아가고 오르내리는 것이다.

리더가 한 조직을 움직이는 것도 패러글라이더를 타는 것과 마찬가지다. 리더의 역할에 따라 그 팀이나 조직이 하늘을 날 수도 있고, 억지로 힘만 쓰면서 지상훈련만 반복할 수도 있다. 리더는 패러글라이더가 바람을 타고 하늘을 날듯이 조직 구성원이 신바람을 타고 하늘을 날 수 있도록 조정해 주는 역할을 해야 한다.

리더가 앞장서서 조직 구성원을 이끌고 '나를 따르라' 하는 것은 패러글라이더를 이륙시키기 위해 열심히 앞을 향해 달리는 단계와 같다. 이러한 조직은 리더가 힘이 들뿐더러 조직 전체도 역량을 발휘하기도 어렵고 그 과정이 재미가 없다. 패러글라이더는 사람이 이것을 등에 메고 지상에서 열심히 뛰어다니라는 용도로 만들어진 것이 아니다. 하늘을 날기 위한 도구이고 충분히 그러한 성능을 가지고 있는 것이다. 조직의 리더가 항상 앞장서야만 움직이는 조직은 절대로 하늘을 날 수가 없다. 패러글라이더를 지상에서 이륙시키기 위해 앞으로 열심히 내달릴 때 드는 힘은 상당하다. 마주 불어오는 바람이 너무 강한 경우에는 패러글라이더가 바람을 안고 오히려 뒤로 끌고 가 버리는 위험한 상황도 발생한다. 패러글라이더를 잘 타는 숙련자는 패러글라이더를 등에 지고 달리지 않는다. 라이저를 조정해서 최단 시간 내에 패러글라이더를 하늘로 띄우고 자신은 이 패러글라이더에 의지해서 순식간에 하늘로 솟아오른다.

조직의 리더는 패러글라이더 타고 하늘로 날아야 한다.

동료

직장 동료는 참 복잡한 사이이다. 말 그대로 같은 직장에서 일하는 상사와 부하직원이기도 하고, 경쟁자이기도 하고, 사회생활에서 잠시 스쳐 가는 사이이기도 하고, 고향 친구처럼 그저 편안한 사이이기도 하고, 학창 시절의 친구와 같은 사이이기도 하고, 군대 시절의 못된 선임 같은 사이이기도 하다.

동료와 어떤 관계를 맺든, 동료는 나와 타자(他者)사이의 소통의 문제이고, 이 주제에 관한 이야기는 천 권의 책을 읽고, 열 권의 책을 써도 부족하다. 사람과의 소통 자체도 어려운데 그 위에 서로 간에 협력하고, 해결해야 할 일을 얹어 놓으니, 동료 간의 바람직한 관계는 무엇인지, 어떻게 소통해야 하는지 답을 찾기가 어렵다. 아니 불가능하다.

그럼에도 불구하고 동료관계를 떠올리는 것은 조직이라고 하는 것이 결국은 사람과 사람의 연결관계이고, 조직 내에서 개개인의 역량보다도 더 중요한 문제가 바로 동료관계이기 때문이다. 따라서 인간적인 관계는 논외로 하더라도, 최소한 조직 내에서 업무를 위해서는 이러한 관계였으면 하는 논의들이 있었으면 좋겠다. 조직의 경쟁력을 위해서 말이다.

내가 가진 일 하나도 제대로 해결하지 못하는데 감당하지도 못할 사람 사는 문제까지 풀어 놓을 수는 없다. 그래서 조그마한 일에도 동료에게서 쉽게 상처받고 토라지기도 잘하는 평균적인 한 직장인을 대변하여 나의 동료관계에 대한 반성과 짧은 희망 사항으로 마무리해야겠다.

¤ 일과 친구를 구분했으면 좋겠다. 내가 이를 구분하지 못하면 그와 논쟁을 할 때 나 스스로 약해진다. '에이, 우리가 남인가?' 하는 생각이 드는 순간 나의 날카로움은 이미 무뎌져 가고 있음을 안다. 그렇다고 내가 모든 동료를 돌하르방처럼 대할 수는 없다. 방법은 동료와 친분을 쌓되 업무에 있어서는 항상 치열한 논쟁을 하는 연습을 하는 것이다. 친할수록 서로 이견이 있을만한 논쟁거리를 찾아서 공통의 화두로 올려놓고 열을 내면서 논쟁하는 것이다. 서로 봐 주기 없기로 약속을 하고 논쟁해도 재미있을 것이다. 일을 가지고 재미있게 싸우는 친구 사이가 되었으면 좋겠다.

¤ 일과 사람을 분리했으면 좋겠다. '저 사람 하는 일이 다 그렇지 뭐', '저 친구 이야기는 들으나 마나 뻔해', '분명히 그 친구가 사고 쳤을 거야'라는 말들을 나 자신도 많이 하고, 또 많이 듣는다. 하지만 내 선입관이 그 동료를 제대로 보지 못하고 나 스스로 장님이 되어 버린 것은 아닐까? 그 동료와의 열 가지 논쟁 중에 아홉 번은 내가 옳고, 한 번은 그 동료가 옳았다면 나는 그 한 가지를 가려 낼 수 있고, 그가 옳았다고 인정할 수 있는가? 그리고 내가 그 동료보다 어떻게 항상 옳다고 할 수 있을까? 나에게서 인정받지 못하는 동료에 대해 다른 동료들도 나와 똑같은 생각을 가지고 있

는가? 나는 누구에게서도 '저 사람 하는 일이 다 그렇지 뭐'라는 소리를 듣지 않는가? 이 모든 의문에 나는 자신 있게 '그렇다'고 답하지 못하겠다. 내 모든 편견을 버리고, 매일 동료를 새롭게 볼 수 있으면 좋겠다.

이방인 K 되어 보기 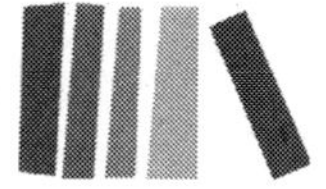

오늘 아침도, 나는 넥타이를 매고, 작업복 같은 양복을 걸치고 집 밖으로 나선다. 몸에 밴 무의식이 이끄는 대로 버스, 지하철을 타고 출근한다. 마치 일상생활이 프로그램화되어 내장된 자동로봇처럼. 나만이 아니다. 같은 시간에 버스와 지하철을 탄 대부분의 사람 모두 나와 같은 자동로봇이다. 가끔은 내가 나에게 묻는다.

'내가 지금 뭐 하러 가는 거지?'

'나는 누구인가?'

매일 조직 시스템 속으로 빨려 들어가는 자신을 뒤돌아보면 무엇을 하고 있는지 도무지 분간이 가지 않는다. 조직은 무엇이고 나는 그 속에서 무엇이란 말인가? 도시의 화이트칼라 인생은 구름 위를 걷는 존재이고, 자신의 혼을 바칠 대상이 무엇인지 몰라 도시를 헤맨다.

거대한 시스템 속에 갇혀 버린 사회에서 자유로울 수 있는 사람은 몇이나 존재할까? 오늘도 나는 출근해서 조직 시스템을 작동하는 하나의 기능을 담당할 것이다. 조직 속에 갇힌 우리는 조직과 개인의 혼을 합치하는 것이 불가능해 보인다. 그래서 직장인의 삶은 괴롭다. 매일 워낭소리를 들으며 논과 밭으로 출근하시는 그 할

아버지를 보기 위해 수백만 명의 사람들이 영화관을 찾게 되는 것은 조직의 시스템 너머 자신의 영혼을 바칠 수 있는 삶에 대한 갈망은 아닐까.

　희망은 있는가? 아니 희망은 없다. 이미 거대해져 버린 조직 시스템이 내가 원하는 만큼 똑똑해지고, 정의로워지리라는 희망은 버리는 것이 좋을 것이다. 희망이 없어서 직장인은 퇴근 후 한 잔의 술로 자신을 달랜다. 술자리에서 희망의 노래를 부르는 사람은 거의 없다. 그 자리에는 거대한 조직 시스템에 대한 불만, 직장 동료에 대한 불만들로 가득할 것이다. 이러한 모든 불만을 모아 놓고, 불만의 대상을 화살표로 그리면 어떻게 될까? 불만의 원인을 찾아서 하나씩 해결한다고 하면 조직에 대한 불만이 해소될 것인가? 또 조직 구성원 개개인의 불만에 대한 꼬리를 이어 가면 불만의 근원지를 찾을 수 있고, 해소할 수 있는 답은 존재하는가? 그리고 조직이나 구성원에 대한 불만의 원인을 알았다 하더라도 이를 해결할 슈퍼맨은 누구인가? 그러한 슈퍼맨은 이 세상에 존재하기나 한 것인가? 조직 앞에 선 개인의 존재는 희미하고, 희망은 보이지 않는다.

희망은 있는가? 그래, 희망은 있다. 사람이 희망이다.

조직 앞에서 내가 남이 되면 희망은 보이지 않는다. 그러나 내가 조직 밖의 남이 아니고, 내가 곧 조직생명체이고 권위의 실체임을 안다면 희망은 있다. 내가 조직 속의 막연한 권위에 숨죽이지 않고 자유를 얻는다면, 그리고 그 자유의지로 조직의 변화를 이끌 수 있다는 힘을 발견하게 된다면 희망은 있다. 조직 속에서 자유의지를 가진 개인이 많으면 희망의 크기는 커질 것이다.

조직 시스템은 늘 불안하고 시대에 뒤처져 있다. 아무리 시스템을 개선해도 개인의 기대를 넘어서기는 불가능하고 기대에 못 미치는 만큼 불만으로 표출된다. 이러한 불만을 해결하기 위해 개인을 좀 더 시스템 구조 속에서 옴짝달싹 못하게 옭아매고, 좀 더 조직화된 인간으로 개조하려는 욕심은 개인의 자유의지를 꺾어 버리고, 오히려 조직을 더 경직시킨다.

나는 조직이 아닌 사람에게서 희망을 찾고 싶다. 또 거대해져 버린 행정조직을 둘러싼 안개를 걷어 버리고 그 실체를 알고 싶다. 어느 한 동료는 나에게 프란츠 카프카의 '성'이라는 소설 속의 이방인 K를 만나 보라고 한다. 아니 좀 더 진화된 K가 되어 보지 않겠느냐고 우리에게 제안한다. 그 K가 진화해서 이 자리에 있다면 독립된 개체로서 실체를 알 수 없는 성(城)이라는 행정조직과 오늘도 한바탕 씨름을 하고 있을 것이라고.

유신열

▌약 력

1967년 전북 출생. 고려대학교 통계학과 졸업.
1993년부터 고려대학교 행정직원으로 근무 중.
seeyou@korea.ac.kr

캠퍼스 편지

초판인쇄 | 2010년 3월 8일
초판발행 | 2010년 3월 8일

지은이 | 유신열
펴낸이 | 채종준
펴낸곳 | 한국학술정보㈜
주　소 | 경기도 파주시 교하읍 문발리 파주출판문화정보산업단지 513-5
전　화 | 031) 908-3181(대표)
팩　스 | 031) 908-3189
홈페이지 | http://www.kstudy.com
E-mail | 출판사업부　publish@kstudy.com
등　록 | 제일산-115호(2000. 6. 19)

ISBN　978-89-268-0792-7 03350 (Paper Book)
　　　　978-89-268-0793-4 08350 (e-Book)

여달 Books 는 한국학술정보(주)의 지식실용서 브랜드입니다.